JN059519

大手前大学経営学部 編

LIVE講義！ 経営学の扉

中央経済社

はじめに

大手前大学（以下，本学と言う）は2023年４月に経営学部を開設しました。おかげさまで定員を上回る186名の新入生を迎えることができました。しかし，当初より経営学部に的を絞って受験準備をしてきた学生はむしろ稀なようです。実際は，社会学や経済学の他の社会科学系学部，あるいは歴史や文学の人文学系の学部を併願した学生が多いのです。もとよりこうした傾向は私たちにとっては想定内であり，それゆえ学内で議論してきたことは，学部選択を決めかねている受験生にいかに経営学の面白さを伝えるか，さらには本学経営学部の魅力をいかにアピールするかということでした。そのためには経営学，商学，会計学の知識をオーソドックスな学修パッケージを通して教授する一般的な経営学教育を見直し，いわば「大手前方式」とも呼べるユニークなプログラムを開発していかなければなりません。私たちはそれこそ暗中模索で侃々諤々の議論を重ねてきました。そうした議論から生まれた「大手前方式」の経営学教育の「基本テキスト」として使えるように，本学経営学部の教員が協力して執筆したのが本書です。

本書は経営学を学ぶ学部生を主な読者層としていますが，この「はじめに」では，そうした学生の保護者や高等学校の教員の方々，さらには経営学部の卒業生を採用する企業の人事担当の方々を念頭に，本学経営学部の教育プログラムの特徴を簡単に述べたいと思います。なお「大手前方式」の内実については，本書の最終章で「新しい経営学教育への挑戦」と題して，詳しく解説していますので，あわせてお読みください。

さて「経営学を学んで将来どうなりたいか」ということに対して定見を持たない学生を対象とする経営学教育はいかにあるべきか。私たちが参考にしたのは，ハーバード・ビジネススクール（Harvard Business School：HBS）のカリキュラム改革でした。HBSと言えばケース教材を用いた「ケースメソッド」が有名です。これはケースと呼ばれるある組織の具体的な経営行動について記述した十数ページの教材のもとに行われる教育方法です。学生はあらかじめケースを読み込んだ上で授業に参加し，教授がファシリテーターとなって，ケースに書かれている経営課題の解決を疑似体験していく。こうした教育方法のもとにHBSは長年にわたって多くの「世界を変えるリーダー」を産業界に輩出してきました。

HBSは2008年に創立100周年を迎えました。時期を同じくして世界同時金融不況が起きました。いわゆるリーマンショックです。HBSは世界金融危機の震源地となったニューヨーク・ウォール街の金融業界に数多くの卒業生を輩出してきました。当時，HBS学長だったニティン・ノリア（Nitin Nohria）はKnowing，Doing，Beingのバランスの取れた教育をテーマとして，それまでの知識（Knowing）偏重の教育から，体験学習（Doing）を通じて獲得するコンピテンシーを重視し，人生の目標や人としてのあり方（Being）を，リフレクション（内省）を通して考える教育への改革を断行しました。

HBSがBeingを重視した経緯はニティン・ノリアらの著書に詳しく書かれていますが（Snook, Nohria, and Khurana, 2011），当時，HBSが考えたことは，リーダーを，高潔な人格とぶれない基軸をもって社会のウェルビーイングを実現するエージェント（主体）と捉えようということでした。こうした新しいリーダー像は，“オーセンティック・リーダー”と呼ばれます（George et al., 2007）。ビジネスリーダーには社会善や公共善に関わる価値観や使命感が欠かせません。知識だけでなく，実践力を育み，さらには自身の生き方まで考える経営学教育が強く求められているのです。

もとより多様なビジネス経験を積んだ卓越した人材を世界中から集めてビジネスプロフェッショナルを育成する経営大学院（HBS）と，高等学校を卒業したばかりの18歳に施す経営学教育は全く質の違うものです。特にHBSに特徴的なのはKnowing，Doing，Beingの関係性にあります。すなわちニティン・ノリアの著書を読むとHBSではKnowing（知識）とDoing（実践力）を規定する，つまり何を学ぶのか，何を実践するのかを決めるのはその人が持つBeing（信念と志）であると考えているようです。はじめにBeingありきという点は，それまでどう生きるか，人生の使命は何かといったことなど考えたこともない学部生に同じように適用するのは難しいでしょう。むしろKnowing（知識）やDoing（実践力）に触発されてBeing（信念と志）が定

図表序－1　Knowing（知識），Doing（実践力），Being（信念と志）の調和のとれた教育

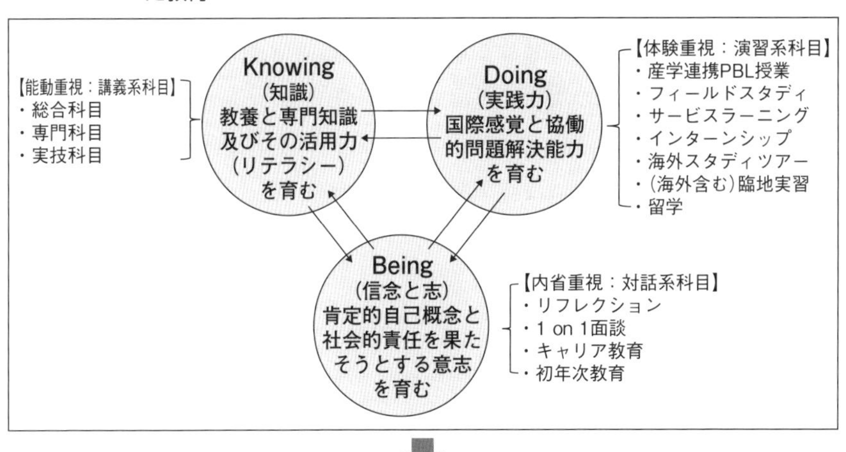

人生のウェルビーイングを実現する

まることもあるのではないか。Knowing，Doing，Beingの関係は創発的でスパイラルしながら高まるというのが私たちの結論です。それを図解したのが図表序－1です。

Knowing（知識）は人生の土台となる教養や専門知識を教える講義系科目です。ここでいう専門知識とは理論，学説，フレームワーク，事実等のことです。こうした科目をアクティブラーニング（能動学修）の要素を入れて行います。Doing（実践力）は生涯の実践を支えるコンピテンシーを育むことです。コンピテンシーは経験を基礎にした学習によって身に付きます。したがって本学では脱教室・脱キャンパスで学ぶフィールドスタディやサービスラーニングのような体験型の演習科目を重視しています。Being（信念と志）はリフレクション（内省）を通じて定まります。学びを人生の糧にしていくように教員はファシリテーターとして学生と1on1の対話を行います。

私たちは，学生にはまず「学ぶ」ことの楽しさを体験させることから始める必要があると考えています。学ぶとは自分をつくりあげていく自己創造の営みです。学びは教科書をそのまま反復する「勉強」とは異なります。学びはあくまで自発的なもので，自分自身で対象を見つけ，調べたり，考えたり

した上で発信できるとき，それを学びと言います。したがって本書は教科書としての体裁をとっていますが，学生が経営学を身近な学問として興味関心を持てるように工夫しています。経営学の理論や学説も解説していますが，それは現実の社会現象の説明に応用できるのだということを強調すべく，学生（あやと陽翔）の日常の何気ない一コマを切り取って解説しています。

学びのテーマ（対象）は自分が興味・関心を持てるものだったら何でもいいと思います。つまり学びの入り口は「好き」なもの，最近の言葉で言うと「推し」のモノやコトあるいはヒトでOKです。本学はさくら夙川と大阪大手前の2つのキャンパスに文理6学部を展開している中規模総合大学ですが，幸い，他学部に目を向けるとこうしたことに関わる好事例が沢山ありました。

例えば，国際日本学部のある大手前生は，子どもの時から興味を持っていた戦国時代の武将が編み出した陣形（formation）を調べています。特に薩摩の武将島津義弘が戦法として用いた「釣り野伏せ」に関心を持っているとのことです。釣り野伏せとは，野戦において全軍を3つの隊に分け，そのうち二隊をあらかじめ左右に伏せさせておき，機を見て敵を三方から囲み包囲殲滅する戦法です。彼は，こうした戦国時代の様々な陣形を学ぶことで，常識に縛られないモノの見方を大切にすることを学んだと言っています。

好きなコト・好きなモノ・好きなヒトの学びを深めていくと，やがてそれは問題意識や情熱を燃やす人生の目標に転化していきます。つまりBeingです。例えば，経営学の学びを通して，社会に意味のあるものを生み出すことを人生の目標とした大手前生がいます。彼は卒業後，自然災害発生時の部品の調達から生産・販売までの供給連鎖（サプライチェーン）のリスク管理のソフトウエアを開発し起業しました。その事業の有望性は顧客の企業から高く評価されており，情報誌Forbesが主宰する「アジアの『世界を変えるUNDER 30（30歳未満）』30人」（INDUSTRY, MANUFACTURING & ENERGY）に選出されました。

あるいは，日本のことが好きで，本学に留学してきたミャンマー出身の大手前生がいます。ミャンマーでは軍事政権の独裁による政情不安が続いていますが，そうした祖国の現状に問題意識を持つ彼女は，教育を通じて，祖国ミャンマーの政治を安定させ国力を高めると決意し，教育を通じて祖国へ貢献できることは何かをテーマに学びを深めています。

こうした例を見てみると，好きな学びを通して知性を磨いていくと，好きなことはやがて社会に対する問題意識や，人生の目標に転化していくことがわかります。そうした問題意識や人生の目標を見据えた学びは，経営学，心理学，あるいは歴史学といった所定の学問の枠の中にとどまらず，専門分野を越え広がっていくこととなります。本学のさくら夙川キャンパスのリベラルアーツ系の４学部（国際日本学部，建築＆芸術学部，現代社会学部，経営学部）では，そうした専門の壁・学部の壁を越えて学ぶこと（授業履修すること）を可能にする教学の仕組みがあります。私たちはそれを「クロスオーバー」と呼んでいます。本書では各部の終わりに４コマ漫画が掲載されていますが，これは経営学の概念を学生の何気ない日常生活に紐づけて解説するように構成されています。経営学の「お題」は経営学部の教員が考えましたが，それを４コマ漫画に仕上げたのは建築＆芸術学部のマンガ制作専攻の学生たちです。これも学部を越えて異種協働するクロスオーバーの１つの例です。

本学の建学の精神は“STUDY FOR LIFE”（生涯にわたる，人生のための学び）です。ここで謳われているのは，自身の人生のウェルビーイングを実現するため，生涯にわたり学び，変わり，成長し続けるという生き方の理念です。こうした学生を育てるために，教職員は一丸となってKnowing（知識），Doing（実践力），Being（信念と志）の調和のとれた教育を学部の壁を越えて展開していきます。そして教職員は学生一人ひとりと向き合い１on１で内省支援を行います。本書を１つの教材にして186名の経営学部一期生をいかに育てていくか。教職員一同，これから始まるプロジェクトに挑戦できることにワクワクしています。読者の皆様には忌憚ないご意見を伺えればと思います。よろしくお願い申し上げます。

本書が実現するにあたり，実に多くの方々にお世話になりました。経営学部の構想から開設まで陰に日向に尽力いただき，さらには本書の出版助成まで支援して下さった福井要 大手前学園理事長はじめ大手前大学職員の皆様，出版事情厳しいおり，本書出版のチャンスを下さった中央経済社および納見伸之編集長，本学経営学部が目指す方向性について貴重なご意見を下さった辰馬健仁会長（辰馬本家酒造㈱），生駒京子社長（㈱プロアシスト），広瀬努会長（広瀬化学薬品㈱）はじめ“大手前方式”人材育成構想会議の皆様，産学連携PBLにご協力いただく企業各社の皆様，ハーバード・ビジネススクールの教育改革に携わった貴重な経験を教えて下さった華道家の山崎繭加様，ブックカバーの表紙の絵を描いて下さり，また経営学漫画というアイデアを形にしていただいた建築＆芸術学部の倉田芳美教授はじめマンガ制作専攻ゼミの皆さん，そして，漫画やショートストーリーに登場するあやと陽翔のモデルであり，胸を打つ教育の大切さを教えてくれた大手前生の皆さん，ここですべての方のお名前を挙げることはできませんが，お世話になった方々に深く感謝を申し上げます。

2023年７月

七夕のさくら夙川キャンパスにて

著者を代表して

平野光俊

北村雅昭

◆参考文献

- George, B., P. Sims, A.N. McLean, and D. Mayer (2007) Discovering Your Authentic Leadership, *Harvard Business Review*, February.
- Snook, S.A., N.N. Nohria, and R. Khurana (2011) *The Handbook for Teaching Leadership: Knowing, Doing, and Being*, SAGE Publications.

目　次

第Ⅱ部 マーケティングの扉

第5章 サービス・マーケティング

第6章 デジタルビジネス

第Ⅳ部　いきいきキャリアの扉

■登場人物の紹介

先生（あだ名 ひらにゃん）

悩める学生にそっと寄り添う大手前大学経営学部教授。お茶目で物知り。学生との会話が何よりのモチベーション。経営学の面白さを知ってほしくて可愛い猫の姿になってそっと学生の会話に入り込む。

あや（本名 佐藤あや）

大手前大学経営学部３年生。ファッションや美容，カフェタイムが大好きな今どき女子。高校時代はサッカー部のマネージャーを務めたしっかり者。人と関わるのが大好きで，近い将来カフェで起業したいと考えている。

陽翔（はると）（本名 鈴木陽翔）

大手前大学経営学部３年生。起業家であり経営者でもある父に影響され会社経営に憧れているが，なかなか最初の一歩が踏み出せないひかえめ男子。食品スーパーやハンバーガーショップでのバイト，趣味のフットサルから自分らしさを模索中。

（注）本書に掲載されている「経営学漫画」は大手前大学マンガ制作専攻ゼミの有志が協力して作画しました。

第 I 部

マネジメントの扉

第1章 組織の分業，調整，インセンティブ

1 はじめに

現代を生きる私たちの日常の活動の多くは組織におけるものだと言えます。というのは組織の捉え方の範囲がとても広いからです。企業のみならず役所や病院や学校も組織です。もっと身近なところでは大学のクラブやサークルも組織です。こうした組織を捉える射程の広さは組織の定義に関わっています。今からおよそ80年前，アメリカの経営学者チェスター・バーナード（Chester Barnard）は，組織を「二人以上の人々の意識的に調整された活動や諸力の体系（A system of consciously coordinated activities or forces of two or more persons）」と定義しました。そして組織が成立するのは，①共通の目的，②協働の意思，③コミュニケーションの３つの要素が満たされたときであると考えました。

例えば３人の石工（いしく）が忙しく働いている石切り場を想像してみましょう。３人がそれぞれ異なる目的をもって石を切り出し加工しているのなら組織とは言えません。しかし，大聖堂を建設するという「共通の目的」のもとに，「協働の意思」をもって，互いに「コミュニケーション」をとりながら，切り出した石を運んだり，積み上げたりするのであれば組織となります。

そして経営学は，このように定義される組織をいかに維持発展させていくかをテーマとして，その「管理の仕方」を研究する学問です。組織の管理の仕方を英語では「マネジメント（management）」と言います。組織のマネジメントの基本は第一に「分業と調整」の枠組みづくりです。ひとまず企業とは，市場から様々な資源を内部に取り入れ，価値ある製品やサービスに変

換するシステムであると捉えてみましょう。企業が目的に合った資源を製品・サービスに変換するには，企業内部の組織の個々のメンバーの知識を活用し，情報を処理して決定に活かせるように，仕事を分業することが必要となります。第二の基本は，個々の決定がうまく調整（コーディネート）され，組織としての決定が内部で一貫したものになる仕組みを整える必要があります。さらに従業員が情報を処理したり決定したりするには，それを行おうとする個人の積極的な意思が必要です。そこで第三の基本として，組織は従業員の努力を特定の方向に導き引き出すインセンティブ（アメとムチ）を提供しなければなりません。以上の3つのマネジメントの基本について詳しく解説していきましょう。

2　分業

ショートストーリー①

（夏の暑い日，昼休みの学食での会話）

陽翔　「スーパーの飲料売場でのバイトもだいぶ慣れてきたので，品出しから発注担当に仕事が変わったんだ。時給もアップしたよ」

あや　「陽翔はバイトを始めてもう半年経つしね。それに真面目で責任感もあるから難しい仕事も任されるようになったのね」

陽翔　「そうなんだ。発注の仕事は売場と倉庫の在庫のチェックと次の入荷日までの売れ数の予測をした上で，発注量を決めるからなかなか難しい仕事なんだ」

あや　「何か失敗したの？」

陽翔　「先週の猛暑には参ったよ。予想以上に気温がぐんぐん上がって，炭酸飲料が飛ぶように売れてさ。それで品切れさせてしまったんだ。社員の主任さんから発注量を決める前に，気温や天候もよく調べておかなければだめだと叱られちゃった」

あや　「ところで，なぜ，バイトの間で品出しと発注の仕事を分けるのかしら。陽翔が一人で品出しも発注もすればいいんじゃない」

先生　「君たち，品出しと発注の仕事を分けて，それぞれ別の人にさせることを機能分業と言うんだ。仕事の効率アップや人件費節約の効果があるんだよ」

(1) 並行分業と機能分業

ある食品スーパーマーケット（以下，スーパー）の店舗を例にして分業の仕方を考えてみましょう。スーパーには，入荷した商品の品出し，補充，在庫の確認，補充発注という一連の仕事があり，多くの従業員がそれぞれの仕事をしています。そしてスーパーは多くの従業員が様々な商品を扱っているので，効率よく仕事を進めるために，ある属性で括り出したカテゴリーを管理単位としています。具体的には，加工食品，乳製品，練り製品，肉，魚，野菜，総菜，消耗雑貨といったように売場単位で管理区分を設けています。類似した仕事の束（品出し，補充，在庫確認，補充発注等）を売場単位でグルーピングして分けることを「並行分業」といいます。

さて，スーパーでは多くの人が働いていますが，注意深く観察すると，一人の人が，品出し→補充→在庫確認→発注の一連のプロセスのすべてを担っているわけではありません。もっぱら品出しをしている人と，もっぱら補充発注をしている人に分かれています。しかも，入社した当初は品出しの仕事からスタートし，経験を積んだ上で発注の仕事に配置転換されるケースが見られます。この例のように品出しと発注の仕事を分けることを機能分業といいます。つまり機能分業とは役割や職務を機能ごとに分ける方法で，並行分業と並んで分業の最も基本的なパターンです。

(2) 分業のメリット

組織が並行分業や機能分業をする理由は，大まかに言って２つあります。１つは仕事の効率が上がることです。18世紀後半に活躍したイギリスの経済学者アダム・スミス（Adam Smith）は分業には３つのメリットがあると考えました。①作業の中断がなくなること，②技能が向上すること，③仕事が単純化されることです。

① 作業の中断がなくなる。

品出しの仕事から発注の仕事に切り替える際に生じる時間のロスを節約できるということです。例えば，発注するにはそれ専用の機器が必要で，それを取りに行く時間がかかります。つまり仕事の段取り替えをする必要がなければ，時間と労力を節約できるのです。

② 技能が向上する。

従業員一人に委ねられる仕事の範囲が狭くなることによって，仕事の専門化が進み，長期的に仕事の腕前が上がることが見込まれます。

③ 仕事が単純化される。

仕事を遂行するのに便利な道具や，仕事の出来栄えを高める機器が発明されることです。実際，誰でも正確に発注予測ができるようにするため，多くのスーパーで商品のPOSデータ（Points of Salesの略称で，レジでの商品販売時に記録される購入商品・個数・価格・店舗・時刻などのデータ）を活用する発注支援システムが整備されています。さらに最近では，発注を人の手に頼らずAI（人工知能）を用いて自動発注するような最先端のテクノロジーを駆使するスーパーもあります。

分業のもう1つのメリットは，19世紀のイギリスの数学者チャールズ・バベッジ（Charles Babbage）が発見した人件費（賃金）節約効果です。スーパーの品出しと発注の仕事を比べると，要求される技能は発注の方が明らかに高度です。それゆえ，ショートストーリーに登場した陽翔は，品出しの仕事を経験してから発注の仕事に変わりました。仕事と技能と賃金の関係を考えると，発注（難しい仕事＝高熟練技能＝高賃金）と，品出し（簡単な仕事＝不熟練技能＝低賃金）となります。このとき発注と品出しを同じ人にさせると，発注の仕事は高熟練技能が必要となるので，組織は高賃金を支払う必要があります。一方，発注と品出しの仕事を分ければ，品出しの方は低賃金で事足ります。つまり，分業によって人件費が節約できるのです。こうした分業によって支払賃金の総額を節約できる効果のことを「バベッジ原理」と言います。

3　調整（コーディネーション）

ショートストーリー②

陽翔「この前，バイト先の食品スーパーの食器売場で売り出しがあって，ビールグラスの重点販売商品をサークルの陳列台に高く積み上げて陳列していたんだ。そのとき，小学校低学年の男の子が近くを走り回っていて，しかもお母さんは少し離れたところで買い物をしていて，子どもから目を離していたんだ」

あや 「それでどうなったの」

陽翔 「そうしたら，案の定，その男の子が陳列台にぶつかって，せっかく並べた販売価格500円のビールグラスが10個も床に落ちて割れてしまったんだ」

あや 「あら，たいへん」

陽翔 「そしたらお母さんが慌てて駆け寄ってきて，平謝りで弁償すると言うんだ」

あや 「そりゃ，弁償してもらわないとね」

陽翔 「そうとも限らないんだよ。そのときたまたま近くに社員さんがいなくて，売場には僕一人。どうしていいかわからなくて困ったよ。マニュアルにそんなことまで書いてないしね」

先生 「君たち，これは組織で発生する様々なイレギュラーをどのように調整したらいいかという問題なんだ。マニュアルやルールによらず，従業員の統一的な行動を引き出すには規範（理念）による標準化という方法が効果的なんだよ」

(1) 垂直的コントロールと水平的コーディネーション

次に組織の基本的枠組みである調整（コーディネーション）について考えてみましょう。多くの店舗をチェーン展開するスーパーの場合，全社的な組織の形態は，１つの本部と多数の店舗に分かれます。さらに多くの店舗をもつチェーンストアのスーパーの仕事の種類は，店舗で発生する仕事（品出し→販売→補充→在庫確認→補充発注）の川上にもあります。それは店舗の品揃え計画，どこにいつ何を陳列するかという売場展開計画，計画に即した商品の仕入れ，店舗への商品の配分といったものです。それらは本部の商品部の仕事です。川上の本部の仕事と川下の店舗の仕事を合わせてマーチャンダイジングと呼びます。

いまここで本部と店舗の調整の仕方の違いから２つの類型を考えてみましょう。すなわち本部がマーチャンダイジングに関わる計画を決定し，それを店舗に命令として伝え，店舗は命令に従って着実に仕事を遂行する垂直的コントロール（vertical control）と，本部と店舗が上下の隔てなく期中において情報共有し，とるべき行動をきめ細かく調整する水平的コーディネーション（horizontal coordination）です。

例えば，自社ブランド商品（Private Brand：PB）の開発に責任と権限を持つ本部の商品部長と，店の品揃えと棚割（売場の陳列棚のレイアウト）に責任と権限を持ち，エリアの複数の店舗を指導する店舗営業部長の関係において，両者の意思決定がどのように調整されなければならないか考えてみましょう。

このスーパーはこれまでPBの種類（ライン）の数が少なく，店の棚割（陳列スペース）においてPBは狭いスペースしか与えられていませんでしたが，商品部長はPBのラインの数を増やそうと考えています。しかしそれはPBスペースを増やすという店舗営業部長の意思決定とうまくコーディネートされなければなりません。というのは，PBのラインを増やしても棚割が確保できなければPBは倉庫で不振在庫となるだけだからです。あるいは店舗営業部長がPBの棚割スペースを増やしても，商品部がPBのラインアップを拡充しなければ店舗の販売効率は悪化してしまいます。（図表1-1）。

図表1-1 本部と店舗の調整（コーディネーション）

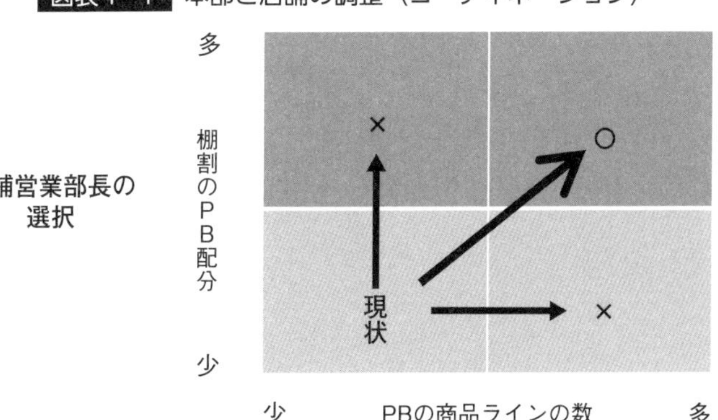

このとき組織の調整の仕方は，①商品部長と店舗営業部長が情報を共有して共同的に意思決定する水平的コーディネーション，あるいは②商品部長に権限を集約し，店舗営業部長はその命令に従う垂直的コントロールのどちらかとなります(図表1-2)。また，垂直的コントロールを選んだスーパーでは，

図表1-2 調整（コーディネーション）の2つのタイプ

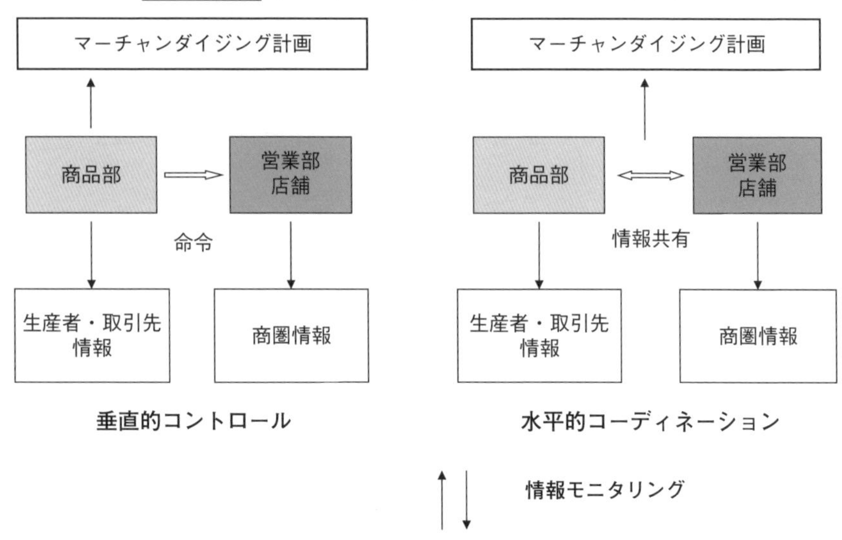

情報を伝達し，統合し，意思決定を行う中間管理職が必要となるため，組織は階層化します。他方で，水平的コーディネーションを選んだ企業では意思決定が組織下部でなされる傾向が強まり，組織の階層はフラット化します。

垂直的コントロールと水平的コーディネーション。どちらの調整の仕方を選んだらよいかは，環境や戦略など組織マネジメントとは別の要因に影響を受けます。例えば，スーパーを取り巻く経営環境が安定的で，かつ商品部の情報処理能力が高ければ垂直的コントロールの方が効率的です。理由は前記2(2)の分業メリット③（仕事の単純化による）によって，店舗の作業が単純化し効率アップが見込まれるからです。一方で，環境の変化が激しく，それゆえ商品部が立てたマーチャンダイジング計画の精度が悪い時は，計画と実績の間の乖離を解消すべく商品部の持っている生産者・取引先情報と店舗が持っている商圏情報を交換して擦り合わせ，その都度対応する水平的コーディネーションの方が効率的です。

(2) 様々な調整の方法

調整の仕方は，先に述べた垂直的コントロールや水平的コーディネーションだけではなく，他にも様々な方法があります。例えば標準化です。標準化とは，仕事の手順や手続きに関するルールを決めることです。多くはマニュアルとして文書化されることが多い方法です。例えば，品出しであれば，「先入れ先出しルール」として，倉庫に保管されている商品を古いものから順番に出庫し，保管する期間をできるだけ短期間に抑えて，商品が劣化しないようにします。あるいは「前進立体陳列」として，商品が棚の最前面まで出て，棚の一番上まで立体的に陳列した形となるよう，1個目の商品を陳列棚の一番手前に置き，2個目からはその上に積み上げる。積み切れない分は奥に並べて立体的な形を維持する。こうしたルールを行動レベルに落とし込んだものがマニュアルです。マニュアルに沿って仕事をすることで人による仕事の出来栄えに差がなくなるわけです。

なお，標準化による調整の仕方は，こうした作業手順のマニュアル整備だけではありません。「インプットによる標準化」と「アウトプットによる標準化」もあります。インプットによる標準化の例は，仕事の内容についての説明や訓練を通じて仕事の遂行に必要な意欲や能力を習得させることです。これにより従業員は仕事の遂行に必要な能力を例外なく保持することとなり，仕事の出来栄えにバラツキがなくなります。アウトプットによる標準化とは，従業員に最終目標を明確に伝えることによって仕事の出来栄えの整合を図る方法です。

組織の調整は，マニュアルや原則といった目に見えるものでなく，理念や組織文化といった抽象的な要素の定義や実践によって標準化するという方法もあります。例えば，ショートストーリー②の例で言えば，このスーパーの理念である「お客様第一」を具体化する安全安心の売場づくりの規範にのっとって「お客様（子ども）にけがはなかったかを真っ先に確認し弁償は求めない」という選択肢もありうるわけです。企業が従業員に示す価値観や理念は，もしそれが組織の隅々まで浸透し，従業員が共感的に理解した上で日頃から理念に沿った行動を実践していれば，いざというときも理念が従業員の判断や行動の基軸となりうるのです。

1980年代後半の話ですが，スカンジナビア航空（SAS）の社長のヤン・カールソン（Jan Carlzon）は，それまで赤字が続いていた同社を「規範（理念）による標準化」によって立て直しました。カールソンは顧客と直接コンタクトする最前線の従業員の最初の15秒の接客態度が，その航空会社の印象を決めるということに気づいたのです。カールソンは，空港や機内の現場で空港スタッフや客室乗務員と顧客の間で交わされる無数の15秒の関わりを「真実の瞬間」（moments of truth）と呼びました。つまり「真実の瞬間」とは，外部顧客が当該プロセスや組織に関して好印象あるいは悪印象を抱くきっかけとなる出来事，あるいはプロセスでそのような出来事が生じる時点のことです。カールソンは，現場従業員に権限を委譲し，顧客本位の対応を促すことに取り組みました。換言すれば従業員の活力や独創性を引き出したのです。これによりSASにおける15秒の顧客との関わり方は大きく変化しました。一方で，権限移譲を伴うエンパワーメント（個人や集団の心的活力）は，個々の従業員の対応のバラツキを生み出しかねません。顧客対応を個人の裁量に委ねるからこそ，その質を一定に保つ必要があります。それを可能にするのが規範（理念）による標準化なのです。

4　組織の調整様式とインセンティブの関係

ショートストーリー③

陽翔　「もう１つのバイト先のハンバーガー・ショップで今月から時給が50円も上がったんだ」

あや　「陽翔はいつも頑張ってるからね。どういうところが評価されたの？」

陽翔　「たぶん開店準備ができるようになったからなんだ」

あや　「開店準備って，どんなことをするの？」

陽翔　「客席の掃除や機器の清掃，資材の準備，食材の準備といったところかな。スタッフが出勤してきたらすぐに仕事を始められるよう段取りしておくことがポイントなんだ」

あや　「上司が陽翔の仕事ぶりをよくみていてくれたのね」

陽翔　「そうなんだ。上司から君はバイトのお手本だからっていつも言われるんで思わず張り切っちゃうところもあるな。職場の仲間もいい人ばかりで働きやすいしね」

あや　「なるほど。私たちのような学生バイトも時給だけでなく，やりがいも考慮してバイト先を選ばなければいけないわね。だけど，やりがいってどこから生まれてくるのかしら」

先生「君たち。そうした働く人の意欲を引き出す仕組みをインセンティブ・システムって言うんだよ」

組織の分業と調整がうまく機能するためには，それを行おうとする従業員の積極的な意思がなくてはなりません。そのために組織は社員に対してそうした意欲や行動を引き出すインセンティブ（アメとムチ）を提供する必要があります。つまり従業員の能力向上の意欲や特定の行動を引き出す励みの仕組みをインセンティブ・システムと呼びます。分業と調整の仕方に応じて必要とされる行動や能力の発展が，それに対応するインセンティブ・システムによって，適切に動機づけられることが重要なのです。

具体的にはインセンティブとは報酬のことです。①物質的インセンティブ（賃金や地位など），②評価的インセンティブ（上司や同僚からの肯定的な評価），③人的インセンティブ（職場での良好な人間関係），④理念的インセンティブ（経営ビジョンや組織の価値観），⑤自己実現インセンティブ（従業員の自己実現を可能にするような仕事の提供）といったものがあります。ショートストーリー③の陽翔とあやの会話の例では，「時給がアップした」というのは物質的インセンティブです。「上司が高く評価してくれた」というのは評価的インセンティブです。この２つは見えやすいインセンティブです。仕事の成果の評価とそれへの報酬の与え方の仕組みは，人事考課制や賃金制度などによって明確にルール化されることとなります。

一方で，インセンティブには見えにくいものもあります。ショートストーリー③の陽翔の発言にある「良い仲間と仕事をしている」というのは人的インセンティブです。また，ショートストーリーには表現されていませんが，理念的インセンティブや自己実現的インセンティブも重要です。

例えば，スターバックスが掲げる組織の使命（OUR MISSION）は，「人々の心を豊かで活力のあるものにするために－ひとりのお客様，一杯のコーヒー，そしてひとつのコミュニティから」というものです。また同社は組織の価値観（OUR VALUES）を次のように制定しています。

「私たちは，パートナー，コーヒー，お客様を中心とし，Valuesを日々体現します。

お互いに心から認め合い，誰もが自分の居場所と感じられるような文化をつくります。

勇気をもって行動し，現状に満足せず，新しい方法を追い求めます。

スターバックスと私たちの成長のために。

誠実に向き合い，威厳と尊敬をもって心を通わせる，その瞬間を大切にします。

一人ひとりが全力を尽くし，最後まで結果に責任を持ちます。

私たちは，人間らしさを大切にしながら，成長し続けます。」

（スターバックスのHPより）

こうした組織の使命や価値観の声明（ステートメント）は組織と個人の間に適切な統合関係をつくります。組織の目標と個人の目標を接合すれば，組織のメンバーは働くことに肯定的な意味を付与するようになります。

5　おわりに

本章では，組織の分業と調整およびインセンティブ・システムについて解説してきました。経営学は組織を研究する学問です。そして組織を構成するのは生身の人間です。ですので経営学は人間を研究する学問でもあり，人間のモチベーション，成長意欲，働きがいといった心理や態度に働きかける必要があります。それゆえ経営学は行動科学（behavioral science）の知見を取り込みながら発展してきました。

1949年にシカゴ大学の心理学者ジェームス・ミラー（James Miller）によって命名された行動科学は，人間行動を学際的・科学的に解明しようとする新しい学問として研究の射程を広げました。1950年代に入ると，行動科学の発展に影響を受けて組織心理学（Organizational Psychology）が誕生し，さらにアメリカのビジネススクールで組織心理学を基礎として組織の中の人間行動を扱う組織行動論（Organizational Behavior）が発展しました。以降，組織行動論の研究領域は爆発的に拡大し，職務満足，モチベーション，リーダーシップ，組織コミットメント，対人コミュニケーション，組織文化など多くの研究が開花しました。経営学を学ぶには人間という存在に関する関心が不可欠です。組織のマネジメントについてさらに深く学びたい人のために，3つの図書を紹介しておきましょう。

◆主要参考文献

- 上林憲雄編著（2021）『人間と経営—私たちはどこへ向かうのか—』文眞堂。
- 上林憲雄・庭本佳子編著（2021）『経営組織入門』文眞堂。
- 小池和男（2005）『仕事の経済学〔第3版〕』東洋経済新報社。
- 原田順子・平野光俊編著（2022）『改訂新版人的資源管理—理論と実践を架橋する—』放送大学教育振興会。
- 平野光俊（2006）『日本型人事管理—進化型の発生プロセスと機能性—』中央経済社。
- ヤン・カールソン（堤猶二訳）（1990）『真実の瞬間—SASのサービス戦略はなぜ成功したか—』ダイヤモンド社。

さらに学習したい人のために

- 伊丹敬之・加護野忠男（2003）『ゼミナール経営学入門〔第3版〕』日本経済新聞社。

　現実の企業の経営を実感しながら経営学を体系的に学べる教科書です。組織マネジメントのみならず，本章で扱っていない戦略論，ビジネスシステム，コーポレートガバナンスといったマネジメントの諸理論が体系的に解説されています。

- 野中郁次郎（1983）『経営管理』日本経済新聞社。

　経営管理（マネジメント）を，組織構造の理解（クールアプローチ）と個人と集団の理解（ウォームアプローチ）に分けて主要な学説を紹介した上で，計画する，リードする，統合するといった経営行動のプロセスが著者独自の視点から手際よく解説されています。組織マネジメントを学ぶ初学者の必読書といえます。

- 平野光俊・江夏幾多郎（2018）『人事管理—人と企業，ともに活きるために—』有斐閣。

　マネジメントの扱う資源のうちヒトに特化した学問を人的資源管理（Human Resource Management）といいます。一方，企業の実務の現場ではヒトの管理の総称に対して人事管理という用語が使われています。本書は，学術としての人的資源管理と実務としての人事管理が架橋されています。組織マネジメントの関連書とあわせて読むべき本です。

◆コラム◆ 日本企業のインセンティブ・システム

日本企業のインセンティブ・システムの特徴は，能力主義で設計される社員格付け制度（職能資格制度）と「知的熟練」（intellectual skill）の発展を意図した幅広いキャリア開発が補完的に結合しているところに見出せます。

知的熟練とは法政大学名誉教授の小池和男氏が見出した日本の生産労働者（ブルーカラー）が保有するスキルの特徴のことです。具体的には「普段と違った作業」，つまり変化と異常を処理するノウハウのことです。たとえ工程管理がゆきとどいた生産工場であっても職場の作業は決して普段の作業で尽きはしません。頻繁に変化と異常が起こっています。異常事態にあって「その場のその人」（the man on the spot）が，生産ラインを長く止めることなく治具（じぐ）や工具を変え，その微修正を行い，うまく対応できるかどうかで効率は大きく変わります。

知的熟練の形成方法は「幅広い仕事経験（キャリア開発）」です。これは一人の生産労働者が自分の職場の主な持ち場を経験し，時にとなりの職場に及ぶことを指します。これをジョブローテーションと言います。ただし，幅広さはせいぜい両隣り，つまり前の職場のスキルが次の職場で十分活用できる場合に限られます。

知的熟練はホワイトカラーにも当てはまります。ホワイトカラーも幅広い専門性を基礎にして変化や不確実性に対処しているという意味でブルーカラーと同じです。例えば，予算管理者（コントローラー）が予算と実績の乖離（予実差）の分析を施し次期の予算編成に活かすかどうかで，組織の効率が大きく左右されるでしょう。予実差の分析を的確に行うには計画に対するノイズ，つまり環境変動や現場で起こっている異常に対する洞察が不可欠です。それは現場経験を含む幅広い経験によって培われます。ただし，その範囲は生産労働者と同じく，前の経験を通して獲得した技能が次の仕事に直接的に活用されるかどうかで決まります。その意味で，日本企業のホワイトカラーのキャリアの幅は，生産，営業，経理といった1つの職能（function）のなかで幅広く経験を積む，もしくは主（メイン）職能を定めて時に副（サブ）職能を経験するパターンが多く，通説で言われる多数の職能を経験するゼネラリスト型は実は稀です。

知的熟練の形成を促進するインセンティブを提供するのが職能資格制度です。職能資格制度とは，会社が認めた職務遂行能力のレベルに応じて資格等級を設定し，資格に社員を格付けして昇進や賃金決定をしていくシステムで，職務遂行能力を等級の決定基準とします。職能資格制度を採用すれば「職位（主任，係長，課長など）のはしご」と「資格（主事，副参事，参事などのランク）のはしご」という二重の階層の昇進構造を持つことになります。報酬の基本部分は社員がどの資格に位置づけられているかで決定され，上位の資格に上がれば報酬は上がります。しかし職位が上がっても資格が変わらなければ報酬に変化はありません。職能資格制度を採用している日本企業が職位の上昇を「昇進」，資格の上昇を「昇格」と使い分けるのは，処遇と配置が連動していないからです。昇格は，時間の経過とともに能力が向上したことを何らかの方法（人事考課や面接試験）で評価し，個人間に速度と到達限度の差は生じるとはいえ，次第に上位の資格に上がっていく仕組みになっていて，通常昇格は一段階ずつです。また昇格のための必要経験年数や標準年数が設けられています。

日本企業とりわけものづくり企業の国際的競争力の源泉は，従業員の知的熟練とインセンティブ制度としての職能資格制度の補完的結合にあると言われてきました。このとき組織モードは，同僚あるいは関連部署との情報共有による緻密な擦り合わせと期中における適宜の計画修正といった水平的コーディネーションの分業調整の様式が，知的熟練の発展を意図した幅広いキャリア開発および技能の向上を動機づける職能資格制度と補完的に結合する「日本型組織モード」であったのです。

第2章 従業員のウェルビーイングと組織マネジメント

1 はじめに

皆さんはウェルビーイング（Well-being）という言葉を聞いたことがありますか。この用語は，2015年に国連総会で採択されたSDGs（Sustainable Development Goals：持続可能な開発目標）のなかにも登場します。SDGsは全部で17の目標を設定していますが，その3番目の目標は「すべての人に健康的な生活とウェルビーイングの保障を」（Ensure healthy lives and promote well-being for all at all ages）です。ここでいうところのウェルビーイングは心身の健康を確保するという意味だけでなく，心の豊かな状態である幸福と，社会の良い状態をつくる福祉とを合わせた「心と体と社会の良い状態」を意味しています。

SDGsの目標は，環境負荷を低減しながら貧困や飢餓を失くし，人権が尊重され，誰もが公正かつ平等に扱われ，質の高い教育とやりがいのある仕事が保障されることです。したがって，「心と体と社会の良い状態」を意味するウェルビーイングは，SDGsの上位概念に位置づけることもできるでしょう。

その上でウェルビーイングを経営学のテーマとして捉えてみると，製品やサービスがいかに社会全体のウェルビーイングに貢献しうるかという問題のみならず，働く人々のウェルビーイングを実現する職場にはどのような特徴があるか，そうした職場をつくるにはどうしたらよいか，といった組織のマネジメントも重要な研究課題となります。本章では，ウェルビーイングと関わりの深い概念であるモチベーションにも言及しつつ解説したいと思います。

2　ウェルビーイングとは何か

ショート ストーリー①

あや　「昨日友達と駅前のカフェで，ハチミツとホイップクリームがたっぷりのったパンケーキを食べて，とっても幸せな気持ちになったわ」

陽翔　「美味しいものは人を幸せにするね。でもうちの90歳になるお祖母ちゃんは毎日味噌汁と漬物と干物ばかり食べてるけど，毎日健康で幸せだと言っているよ」

あや　「確かに，健康であることが一番大切ね」

陽翔　「健康は幸せの土台といった感じかな。別の観点だけど，このまえ大学の芸術学部のマンガ専攻を卒業した先輩に会ったら，少年誌に連載が決まったんだって。好きなことでご飯を食べていけるなんて，これ以上の幸せはないと言っていたよ」

あや　「人間の幸せって色々だね」

先生　「君たち，人間の幸福感はウェルビーイングと言い換えることもできるんだ。ウェルビーイングを構成する要素は何だと思う？」

(1)　医学的アプローチ，快楽主義的アプローチ，持続的アプローチ

ウェルビーイングという用語は学術的にはマクロレベル（社会にとってのウェルビーイング）とミクロレベル（個人にとってのウェルビーイング）の２つの切り口があります。社会にとってのウェルビーイングは，ある「社会のよさ」(social good) を評価する何らかの基準ないし政策目標として具体化します。例えば，人間開発指数（Human Development Index, HDI）は，国連人間開発（United Nations Development Program）が，教育水準，健康・寿命，所得水準の観点から各国の生活の質を０－１ポイントで評価した指標です。2021年は日本のスコアは0.925で，191の国と地域の中で19位でした。

もとより社会にとってのウェルビーイングを評価する基盤となるのは，その社会を構成する一人ひとりの境遇，つまり個人にとってのウェルビーイングです。例えば，厚生経済学（人々の生活を健康で豊かなものにすることを研究する経済学）分野での貢献でノーベル経済学賞を受賞したアマルティ

ア・セン（Amartya Sen）は，「ケイパビリティ」（財を活かす潜在能力）があれば，人々は自由で価値ある生活を実現することができるようになると考えました。例えば，投票権を与えられても，政治の知識を持たなければ自分の意思で政党や政治家を選ぶことはできません。政府は国民に投票権を与えるのみならず，投票権を活かすための知識と能力を誰もが獲得できるようにしなければなりません。

個人レベルのウェルビーイングとは，その人が主観的に感じる幸福感や生活満足の自己評価であり，その切り口は医学的アプローチ，快楽主義的アプローチ，持続的アプローチの３つに大別できます。

①医学的（medical）アプローチは，心身の機能が不全でないか，病気でないかを問うもので，医学の領域における定義です。②快楽主義的（hedonic）アプローチは，その瞬間の気分の良し悪し（ポジティブな感情）や心と体の快・不快を中心にして幸福かどうか評価します。私たちは日頃甘いクッキーに手を伸ばしてみたり，シューティングゲームに夢中になったり，温泉でまったりしたり，ささやかな方法で快（ポジティブな感情）を追求し続けています。ですが甘いものも食べ続ければうんざりするし，温泉にずっと入っていればのぼせてしまいます。つまりポジティブな感情だけでは，ウェルビーイングは持続しません。

③持続的（eudaimonic）アプローチは，人生の目標・課題・成長への期待といった幸福を高める生き方へ焦点を当てた持続的ウェルビーイングです。持続的ウェルビーイングの語源は，古代ギリシャの哲学者アリストテレスの人間の幸福に対する考え方すなわちエウダイモニア（eudaimonia）に由来します。アリストテレスは，快楽と苦痛の総量を重視した幸福の考え方と異なり，最高善としての人間の幸福とは，人生に意義を見出し，潜在能力を発揮している状態だと考えました。そして幸福をエウダイモニア（ギリシャ語で，厚生や富を表す「エウ」という言葉と，個人の運命をコントロールする力を意味する「ダイモン」を組み合わせた概念）として捉えました。この見方だとウェルビーイングは「目的があり，意義深い人生を送る」という意味合いを持ちます。

⑵ ウェルビーイングの測定

医学的，快楽主義的，持続的それぞれのアプローチにかかわらず，ウェルビーイングは人為的に構成された概念であって直接観察したり，測定したりすることはできません。私たちは，今日は天気がいいとか悪いとか言ったりします。しかし天気はそれ自体おのずと実在するものではありません。気温，湿度，風速，気圧など，それぞれ操作可能で実在する要素によって測定することで天気の良し悪しが表現できるようになります。

ウェルビーイングも同様に，それに寄与する要素を特定し尺度化すれば測定できるようになります。その意味で医学的ウェルビーイングの方は健康診断の検査項目や問診票のように指標がずいぶんと確立されています。同様に一見測定は難しいと考えられる持続的ウェルビーイングもそれに寄与する行動や心理の要因を抽出し尺度を開発していくことは可能です。

ポジティブ心理学（人間の幸福やウェルビーイングをもたらす心理を研究する学問）を開拓したマーチン・セリグマン（Martin Seligman）は，持続的ウェルビーイングを「フローリシング（flourishing＝開花）」と呼び，５つの次元から構成される測定尺度（PERMA）を開発しています。

PERMAとは，①ポジティブな感情（positive emotions）：楽しみ，恍惚感，心地良さ，温かさなど，②エンゲージメント（engagement）：「フロー」の感覚であり，音楽との一体感や，時が止まる感覚や，無我夢中となる行為の最中における没頭の感覚，③意味・意義（meaning）：人生に意味や目的を見出すことであり，自分より大きいと信じるもの（例えば，宗教，地球に優しいエコライフという考え方，会社のビジョンやミッション，家族など）に属して，それに仕えるという生き方，④達成（achievement）：目標に向かって努力し，その目標に到達することで，熟達や競争といったことにも関わる，⑤関係性（relationships）：他人とつながりを持ちサポートしたり承認したりすることです。つまりウェルビーイングは，気持ち良さと同時に，人間が心身の潜在能力を発揮し，意義を感じ，周囲の人との関係の中でいきいきと活動し達成感を得ている状態といえるでしょう。

3　ウェルビーイングとモチベーション

ショート
ストーリー②

先生「陽翔もあやも今年からいよいよシューカツが始まるけど，会社を選ぶポイントは何かな？」

陽翔「ぼくは，給料がよくて，休みがバッチリとれるところかな。あと社員食堂のごはんが美味しければ言うことないな」

あや「食いしん坊の陽翔らしいわね」

陽翔「そういうあやは何を重視して会社選ぶの？」

あや「私は，これまで頑張ってきた英語力を活かせて，何かしら社会の役に立っていると実感できるような仕事をしたいわ」

陽翔「やりがいが大事だということだね」

先生「よく気がついたね。人はパンのみに生きるにあらずとも言うよね。人が生きていくためには，物質的満足だけでなく精神的満足・充実も大切なんだよ」

(1)　経営学におけるウェルビーイング

経営学の研究では，ウェルビーイングという用語を用いる研究が行われるようになったのは比較的最近のことです。それは心理的ウェルビーイングだけでなく，健康面の良好さや関係性の良好さにも同時に注目し，これらを総合的に捉える概念として位置づけることが多いようです。しかしウェルビーイングに近似する概念であるモチベーションや職務満足などに目を向ければ，経営学の研究成果は膨大です。働く人々のウェルビーイングを研究している経営学者の森永雄太は，従業員のウェルビーイングを２階建ての家のメタファー（隠喩）で捉えることを提案しています。

図表２－１は２層から構成されていますが，１階部分は，職務遂行の基盤となる「心身の健康」です。次に２階部分は，職場におけるパフォーマンスに直結しやすいワーク・モチベーション（仕事に対する意欲）で構成されます。

ウェルビーイングを多層的に捉えようとする経営学の立場からは，２階部分と１階部分の取り組みをセットで捉えることの重要性や，１階部分への働

図表２－１　モチベーションの土台としての健康

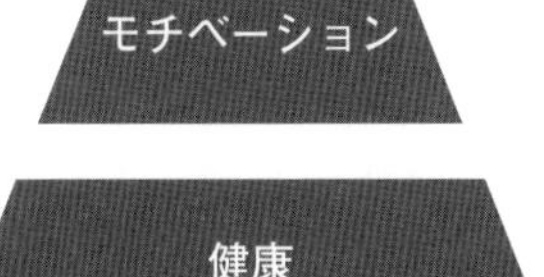

出所：森永（2019）49頁

きかけを２階部分の拡張に結び付けていくようなシナジーを創出していくことが重要であることがわかります。経営学におけるウェルビーイングへの着目は，１階部分への積極的な働きかけを含めたマネジメントを再構想する考え方でもあるといえそうです。

(2)　モチベーションと欲求

①　マズローの欲求階層説

さて２階部分を構成するモチベーションは，経営学ではどのように研究されてきたのでしょうか。モチベーションとは個人の内部および外部にその源をもつ一連の心理的エネルギーであって，仕事に関連する行動を引き出し，その方向性（エネルギーの向かう先），強度（エネルギーの強さ），持続性（エネルギーが継続する長さ）を決定づけるものです。

モチベーションは何かに対する欲求（モチベーター）があることによって発現します。心理学者のアブラハム・マズロー（Abraham Maslow）は低次から高次の５つの欲求で構成される欲求階層説を唱えました。５つの欲求とは①生理的欲求，②安全でありたい欲求，③所属と愛の欲求，④他者からの承認と自尊心の欲求，⑤自己実現の欲求です。ここでいう自己実現とは，自分がなしうる最大限のことをしていること，しかもしている（doing）というより，自分の存在（being）に関わっているという意味で，全面的に自分らしくなっている状態を指しています。

マズローの著書『完全なる経営』の監訳者である金井壽宏は，欲求階層説は４つの仮説から成り立っていると述べています。

仮説１：欲求は満たされると欲求でなくなる（満たされないことで人は動機づけられる）。

仮説２：この階層上でより低次（あるいはより基本的な）欲求が満たされてはじめてより高次の欲求が出現してくる。

仮説３：生理的欲求から承認と自尊心の欲求に至るまでの欲求は，足らないものを満たすという欠乏欲求（deficiency：D欲求）であるのに対し，自己実現は一人ひとりの人間のかけがえのない存在（being：B欲求）そのものに関わる欲求である。したがって，D欲求の場合には，欲求不満による緊張を解除しようとする欲求が生まれるが，B欲求の場合にはむしろわざわざ一層の困難や努力を，すなわち一層の緊張を求める欲求が現れる。

仮説４：D欲求は，生物的基礎が濃厚で，強い本能がそこに働いている。他方，自己実現へのB欲求も生物学的基礎がないわけではないが，それは弱い本能に基づいているに過ぎない。そのためにB欲求に関わる経験をするために，いい社会やマネジメントがいる。

②　神谷美恵子の「生きがいを求める心」

生きがいを求める心というテーマで人の欲求を深く洞察したのは，ハンセン病患者への奉仕に情熱を傾けた精神科医の神谷美恵子です。彼女は著書『生きがいについて』において，生きがいを求める心＝欲求を７つ挙げました。①生存充実感への欲求（喜び，勇気，希望などのようなもので自分の生体験が満たされていると感じること），②変化への欲求（変化と成長を希求する心），③未来性への欲求（これからの生が新しい発展をもたらすだろうという期待），④反響への欲求（張り合いを求める心），⑤自由への欲求（主体性，自律性を求める心），⑥自己実現への欲求（自己の内部に潜んでいる可能性を発揮して自己というものを伸ばしたいという欲求），⑦意味と価値への欲求です。

最後の意味と価値への欲求について，神谷美恵子はこれを説明するために，著書の中で，動員女学生として広島で被爆し，顔面裂傷，左目失明した一女性の手記を紹介しています。

「○○ちゃんも私もみんな戦争のために……一生めちゃめちゃに壊されてしまった。けれどこの尊い多くの犠牲者によって平和が築かれて行くのだったら，この上なくうれしくてならないのだけれど……」

（『生きがいについて』75頁）

その上で神谷美恵子は意味と価値への欲求について以下のように説明しています。

「めちゃめちゃに壊されてしまった」自分たちの生すらそれが平和の礎になるならば，その代価として意味がある。ぜひ意味あらしめたい！　というのは多くの被爆者たちの共通の願いである。人間はみな自分が生きていることに意味や価値を感じたい欲求があるのだ。」（同書75頁）

「ひとは自分でもそうと意識しないで，たえず自己の生の意味をあらゆる体験のなかで自問自答し，たしかめているのではなかろうか。そしてその問いに対して求める答は，どんなものでもよいから自己の生を正当化するもの，「生肯定的」なものでなくては生きがいは感じられないのであろう。」（同書77頁）

4　ウェルビーイングを実現するマネジメント

(1)　心理的健康職場

経営学におけるウェルビーイングの研究課題は，働く人々のウェルビーイングを高めるために企業はどのような組織マネジメントを施せばよいかを実践的かつ理論的に解明していくことです。

その意味で，全米心理学会（American Psychological Association）が提唱した「心理的健康職場」（Psychological Healthy Workplace）というコンセプトが参考になります。全米心理学会は従業員のウェルビーイングの実現に成果をあげている企業を「心理的健康職場」として表彰しています。このコンセプトは，従業員のウェルビーイングが実現すれば組織の業績も高まるという仮定をおいています。組織の機能（組織成果）を捉える切り口は，競合企業に対する競争優位，業績／生産性，アブセンティーズム（仕事を休んでいる状態），離職率，事故／けがの割合，経費節約，採用選抜，製品サービスの品質，顧客満足など多岐にわたっています。

そして従業員のウェルビーイングと組織的機能を高めるマネジメントの要素として，コミュニケーションの円滑化を基礎として次の5つを挙げています（図表2－2）。

図表2－2 心理的健康職場

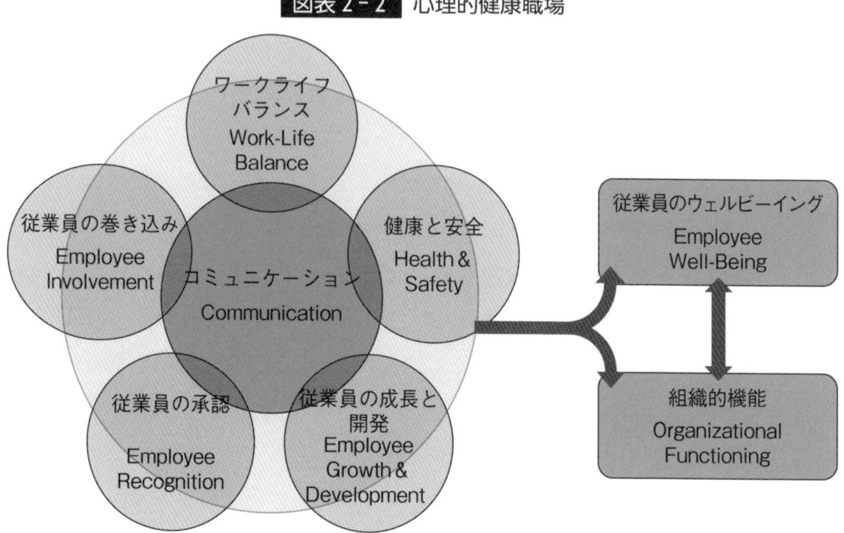

出所：Grawitch and Ballard (2016) p.6，邦訳は筆者作成

① 従業員の承認

従業員の貢献を認め，色々な場面で金銭的・非金銭的に報奨する取り組みです。上司や管理職からの感謝の気持ちを表明する機会を増やしたり，目標達成を祝う会を設けたりする現場の工夫も有効です。

② 従業員の巻き込み

仕事の自律性を高めること，組織の意思決定に従業員を参画させる機会を増やすことです。自己管理型チーム，カイゼン活動，多面観察評定なども有効です。

③ ワークライフバランス

テレワークやフレックスタイム制など働き方の柔軟性を高める環境や施策の整備，あるいはサテライトオフィスを設置することです。

④　従業員の成長と開発

キャリア開発支援によって従業員の成長を促し能力開発に取り組むことです。

⑤　健康と安全

健康リスクを評価したり，健康的な生活習慣を取り入れるためのサポートをする取り組みが挙げられます。労働災害を無くすための職場の安全衛生の取り組みも大切です。

(2)　日本企業の取り組み

日本企業が近年取り組んでいる組織マネジメントを心理的健康職場の５つの要素と関連付けてみれば，ワークライフバランスはいわゆる「働き方改革」に，健康と安全は「健康経営」に，従業員の成長と開発は「キャリア自律支援」が対応しています。従業員の巻き込みと承認は，これらの施策へ従業員の参画を促し，その貢献を顕彰していくことで促進されることとなります。

①　働き方改革

近年，日本企業の多くが「働き方改革」に熱心に取り組んでいます。これは2018年６月に所定外労働時間（以下，残業時間と表記する）の上限を罰則付きで規定するいわゆる「働き方改革関連法」が成立した影響があります。企業はそれに対応すべく長時間労働の是正に様々な対策を講じてきました。例えば，残業の規制・一部禁止，朝型勤務，労働時間短縮目標（キャップ）の設定などです。

働き方改革には，従業員の働き方の柔軟性を高める取り組みもあります。フレックスタイム制，裁量労働制，在宅勤務などのリモートワークなどが挙げられます。フレックスタイム制とは，一定の期間についてあらかじめ定められた総労働時間があり，その範囲内で日々の始業・終業時刻や働く時間を，労働者自身が自由に決めることができる制度です。裁量労働制とは，業務を自らの裁量で遂行する労働者に対して，実際の労働時間と関係なく，一定の労働時間働いたものとみなす制度です。

② 健康経営

従業員のウェルビーイングを実現するには，禁煙（受動喫煙防止）・メタボリックシンドローム・生活習慣病予防・ストレス緩和といった健康増進施策が有効です。こうした取り組みは「健康経営®」[i]と呼ばれます。

健康経営の考え方に沿って，企業は，それまでの健康を損なう可能性の高いハイリスク群に個別的にアプローチする取り組みを，対象を限定せず職場・従業員全体の健康レベルを底上げするアプローチに変えつつあります。後者をポピュレーション・アプローチと言います。例えば，食品企業の「味の素」は，健康経営の考え方の根本に「セルフ・ケア」というコンセプトを置き，毎年１回以上，検診後に産業保健スタッフが全従業員と個別面談を実施することをルール化し，健康に対するセルフ・ケアの意識を高めています（平野・勝又，2020）。

ハイリスク型からポピュレーション・アプローチへ舵を切ったことは，組織の従業員の健康への向き合い方において，ウェルビーイングやモチベーションといった働く人のポジティブな心理，および個人単位でなく職場単位で働く人々を巻き込んでいく活動を重視するようになったことを意味しています。

③ キャリア自律を支援するセルフ・キャリアドック

健康経営に加えて日本企業が注力しているのが主体的なキャリア開発の支援です。主体的なキャリア開発は「キャリア自律」とも表現できます。つまり，健康経営は先に述べた医学的ウェルビーイングの取り組みです。一方，キャリア自律支援は従業員の成長と開発，承認，仕事のやりがいを促進するという意味で持続的ウェルビーイングに対応する取り組みです。キャリア自律支援の具体的な取り組みとしては，「セルフ・キャリアドック」への関心が高まっています。セルフ・キャリアドックとは，企業が人材育成ビジョンに基づき，キャリアコンサルティングとキャリア研修などを組み合わせて，従業員のキャリア自律を促進・支援する取り組みのことです。

---

i 「健康経営®」はNPO法人健康経営研究会の登録商標です。

5　おわりに

日本企業が取り組んでいる「働き方改革」「健康経営」「キャリア自律支援」は従業員のウェルビーイングの実現，さらには業績改善に向けた取り組みと捉えることができます。そして，このことはSDGsの取り組みとしても意義があるのです。健康経営はSDGsの目標３「すべての人に健康的な生活とウェルビーイングの保障を」につながります。またキャリア自律支援は目標８「働きがいも経済成長も」という目標の達成において重要な取り組みであるといえます。

◆主要参考文献

- 神谷美恵子（1980）『生きがいについて』みすず書房。
- 上林憲雄・小松章編著（2022）『SDGsの経営学―経営問題の解決へ向けて』千倉書房。
- 平野光俊・勝又あずさ（2020）「健康増進施策とキャリア開発支援の補完的連携―戦略的人的資源管理の視点から―」『産業カウンセリング研究』21巻１号，27-38。
- 森永雄太（2019）『ウェルビーイング経営の考え方と進め方―健康経営の新展開―』労働新聞社。
- 渡邊淳司・村田藍子・安藤英由樹（2018）「持続的ウェルビーイングを実現する心理要因」『日本バーチャル学会誌』23巻１号，11-18。
- Calvo, R. and D. Peters（2014）*Positive Computing: Technology for Wellbeing and Human Potential*, Cambridge: MIT Press.（渡邊淳司・ドミニク・チェン監訳，木村千里・北川智利・河邉隆寛・横坂拓巳・藤野正寛・村田藍子訳『ウェルビーイングの設計論』BNN新社，2017年）
- Grawitch, M. J. and D. W. Ballard（Eds.）（2016）*The Psychologically Healthy Workplace*, Washington: American Psychological Association.
- Hackman, R. and G. R. Oldham（1975）Development of the Job Diagnostic Survey, *Journal of Applied Psychology*, 60, 159-170.
- Maslow, A. H.（1998）*Maslow on Management*, New York: John Wiley & Sons.（金井壽宏監訳，大川修二訳『完全なる経営』日本経済新聞社，2001年）
- Seligman, M.（2011）*Flourish: A Visionary New Understanding of Happiness and Well-Being*, New York: Atria.（宇野カオリ監訳『ポジティブ心理学の挑戦―“幸福”から“持続的幸福”へ―』ディスカヴァー・トゥエンティワン，2014年）
- Sen, A.（1992）*Inequality Reexamined*, Oxford: Oxford University Press.（池本幸生・野上裕生・佐藤仁訳『不平等の再検討―潜在能力と自由―』岩波書店，2018年）

さらに学習したい人のために

- 鈴木竜太・服部泰宏（2019）『組織行動―組織の中の人間行動を探る―』有斐閣。

本章で解説したモチベーションや職務特性理論をはじめとして，組織行動論の様々な理論や知見が解説されています。多くの理論を取り上げていますが，具体的な事象と理論をつなげて考えるように工夫されていますので，初学者の大学生も理解しやすい入門書です。

- 前野隆司・前野マドカ（2022）『ウェルビーイング』日本経済新聞出版。

ウェルビーイングとは何か，基本的知識がわかりやすく解説されています。ウェルビーイングの広がりで，社会やビジネスそして私たちの生き方がどう変わるのか。その影響の大きさと研究の最前線，実現策が理解できます。

- 森永雄太（2019）『ウェルビーイング経営の考え方と進め方―健康経営の新展開―』労働新聞社。

従業員のウェルビーイングへ働きかけることを通じて組織の業績を高めていこうとするウェルビーイング経営の解説書です。従業員の健康を増進する健康経営を拡張して捉えた上で，ウェルビーイング経営の取り組みの意義と実際を，組織マネジメントの知見と結びつけながら理解できます。

◆コラム◆ モチベーションの職務特性理論

モチベーションには外発的モチベーションと内発的モチベーションの２種類があります。前者は外発的報酬によって動機づけられることにより発現するモチベーションです。外発的報酬には直接的報酬，間接的報酬，非金銭的報酬があります。直接的報酬は賃金やボーナスなどの金銭的報酬です。間接的報酬には有給休暇，福利厚生，社宅といったものがあります。非金銭的報酬はいわゆる役得で，秘書が就いたり専用の部屋が職位に応じて与えられたりすることが当てはまります。昇進は給料がアップするので金銭的報酬の側面もありますが，役職名がステイタスになれば非金銭的報酬の側面もあります。

一方，内発的モチベーションは遂行している仕事の面白さそのものに動機づけられることにより発現します。内発的モチベーションを高める職務の特性について，組織心理学者のリチャード・ハックマン（Richard Hackman）と経営学者のグレッグ・オルダム（Greg Oldham）は，職務特性モデルとして**図表２－３**のような因果図式を考えました。

図表２－３ モチベーションの職務特性モデル

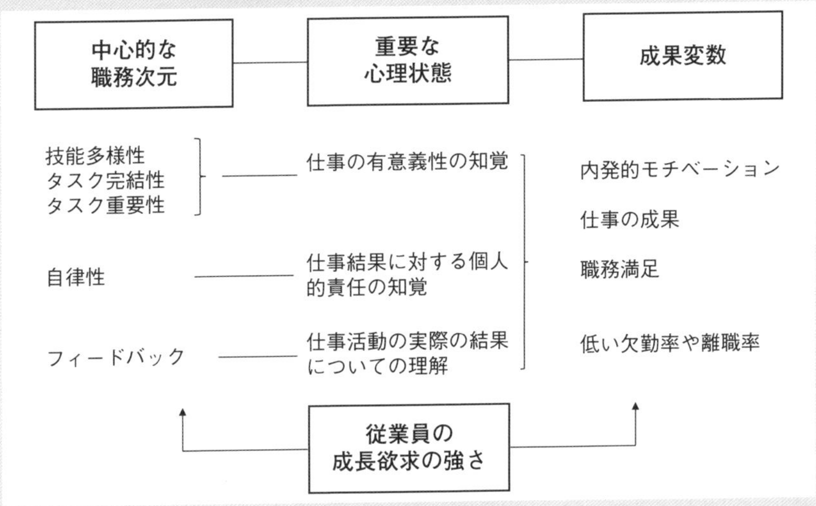

出所：Hackman and Oldham（1975）p.256，邦訳は筆者作成

ハックマンとオルダムの職務特性モデルでは，職務特性の５つの次元，①技能多様性（skill variety：仕事の遂行において多様な技能が必要である），②タスク完結性（task identity：仕事の初めから目に見える成果がわかるところまでの全体に関わっている），③タスク重要性（task significance：ステイクホルダーに対するインパクトの大きい重要な仕事である），④自律性（autonomy：仕事のスケジューリング，方法，出来栄えの基準などにおいて裁量の余地が大きい），⑤フィードバック（feedback from the job itself：仕事の成果について明確なフィードバック情報を得ることができる）が仮定されています。

この５つの職務特性次元が，①仕事の有意義性の知覚，②仕事結果に対する個人的責任の知覚，③仕事活動の実際の結果についての理解という３つの重要な心理状態をもたらすと仮定されています。この際５つの職務特性が３つの心理状態をもたらす経路は３とおりあります。すなわち技能多様性，タスク完結性，タスク重要性の３つは相互加算で仕事の有意義性の知覚をもたらし，自律性やフィードバックはそれぞれ単独で，責任の知覚と結果に対する理解をもたらすという違いです。

また，職務特性が重要な心理状態をもたらすこれらのプロセスは，従業員の成長欲求の強さによって一層促進（モデレート）されることが仮定されています。つまり職務特性が重要な心理状態を高める効果は，従業員の成長欲求が高いほど増幅されるのです。さらにこのモデルは，最終的に３つの心理状態が，①内発的モチベーション，②仕事の成果，③職務満足，④低い欠勤率や離職率という４つの成果をもたらすと仮定されています。この心理状態から成果変数への効果の経路では，３つの異なる重要な心理状態が相互加算的に，また従業員の成長欲求のモデレータとしての効果に注意を払っておく必要があります。

こうしたハックマンとオルダムの職務特性モデルは総合的にMPS（Motivating Potential Scale）として，以下の式のようにまとめられ，職務の特性が潜在的に人を動機づける程度を示す指標として提示されています。

$$\text{MPS}=\frac{(\text{技能多様性}+\text{タスク完結性}+\text{タスク重要性})}{3}\times\text{自律性}\times\text{フィードバック}$$

このモデルはハックマン自身やその後の研究によって実証が試みられ，追試や修正が繰り返されています。ハックマンとオルダムの職務特性モデルは，その測定尺度の整備による実用性の高さや診断（diagnostic）の汎用性から評価の高い職務設計の考え方です。職務特性の測定用具はJDS（Job Diagnostic Survey：職務診断調査）と呼ばれています。

MEMO

経営学漫画① モチベーションのアンダーマイニング効果

①

②

③

④

モチベーションのアンダーマイニング効果

私たちは「時給アップ」や「褒められる」(=外発的報酬)ためだけでなく、取り組んでいる課題そのものの面白さ(=内発的報酬)に動機づけられることがあります。
ところが、外発的報酬が与えられると内発的報酬を見失い、かえってモチベーションが下がってしまうことがあります。これをモチベーションのアンダーマイニング効果と呼びます。

経営学漫画②　リーダーシップ幻想

リーダーシップ幻想

人には組織の大きな成功や失敗を、リーダーの責任に転嫁する傾向があります。これをリーダーシップ幻想と呼びます。実際には大きな成功も失敗も、原因は色々で因果関係も様々ですが、複雑な状況理解は人の情報処理能力を超えるため、全てリーダーシップのせいだと安易に結論づけてしまうためだと考えられています。

第 II 部

マーケティングの扉

第3章

マーケティングとイノベーション

1　はじめに

経営学を学ぶ皆さんに，ぜひ，名前を覚えていただきたい研究者の一人にピーター・ドラッカー（Peter Drucker）がいます。『もし高校野球の女子マネージャーがドラッカーの『マネジメント』を読んだら』という小説や漫画，テレビアニメもあり，その“ドラッカー”について，紹介するのがこの章です。本章では，ドラッカーによる「企業の目的は顧客の創造である」という，よく知られた概念について学びます。顧客の創造とは，企業がマーケティングとイノベーションという２つの重要な機能によって新しく顧客を増やす活動を意味します。身近な事例を基に，マーケティングとイノベーションについて理解しましょう。

2　サプリメントのマーケティング戦略

経営学を学ぶ上で，マーケティングとイノベーションという２つの機能によって企業が存在することを理解することが重要です。「企業のマーケティング」という概念が初めて語られたのは，今から数十年も前になります。現在は，当時，影も形もなかったデジタル・マーケティングの時代であり，いささか，時代に合わない点が指摘されるのも事実です。しかし，顧客の創造というマーケティングの本質的な見方は，現代でも十分に理解できるものです。顧客の創造について，サプリメントの事例でわかりやすく説明しましょう。

近年，健康志向から多くのサプリメントが市場で売られています。しかしながら，サプリメントは医薬品ではないため，その効能はなかなか自覚できないものが多いのも事実です。最も高価なサプリメントの1つに，プロテインがあります。プロテインというと，スポーツアスリートが筋肉量を増やすために摂取するものと思っている方も多いと思います。現在，市販されているプロテインは，卵，牛乳，大豆を原材料としたタンパク質をブレンドして製品化されています。その配合比は，使用目的や製品化する企業によっても異なり，市場には，多種多様なプロテインが出回っています。例えば，大豆由来のプロテインは，筋肉量を増やす目的ではなく，むしろ，ダイエット目的で女性が摂取することが多いようです。また，卵や牛乳など動物性タンパク質を多く含んだプロテインは，スポーツアスリートが筋肉量を増やすために飲んでいます。

それでは，サプリメントとしてのプロテインは，どの販売の仕方が最も売れているのでしょうか。結論を先に述べると，多くのサプリメントを扱っているドラッグストアでは，それほど売れておらず，カーブス，ライザップといったトレーニングジムでの販売量が多いのです。なぜなのでしょうか。サプリメントの効能を最大限，発揮するためには，摂取するタイミングや量，そして組み合わせを考えて飲む必要があります。例えば，プロテインは，運動直後に飲むと最も効率的に筋肉がつくため，ライザップでは，この飲むタイミングを「ゴールデンタイム」と呼んでいます。要するに，運動して疲弊した筋肉にタンパク質を補給するのが最も理にかなった摂取方法なのです。したがって，やみくもにプロテインを飲んでも筋肉量は増えません。知識の豊富なトップアスリートは，こうした筋肉量の増やし方をよく理解しています。一方，ダイエット志向の人がプロテインを摂取するのは，筋力トレーニングと組み合わせて筋肉量を増やし，代謝率を上げ，体脂肪率を下げることによって体重を減らすことを目的にしています。ただ実際には，ダイエット目的の人の場合は，プロテインをどのように摂取するべきかなどといった知識は持ち合わせていないことも多いのです。トレーニングジムのインストラクターは，個人の目標，体力，体調などを測定し，トレーニングの初めに飲むサプリメント，運動後のプロテインなど，摂取量，タイミングなど，細かく指導してくれます。さらにサプリメントだけではなく，食事ごとのカロリーや栄養素の量など，細かいアドバイスにより，健康的で効率の良いダイエットを導いてくれます。このように，アドバイスが必要な人に適切なサプリメントを提供するというマーケティングが行われているのです。

主婦層や高齢の女性を中心に，手軽に筋力アップやカロリー消費ができるカーブスという女性専用のジムを見かけます。こうしたジムでは，独自に開発されたサーキットトレーニングを開発し，30分という無理ない負荷で運動を続けられるよう，身近な場所に数多く店舗展開されており，現在では，世界で約7,000店舗以上が展開されています。カーブスでは，運動後のサプリメントの摂取方法を指導しており，プロテインはダイエット目的のオリジナル・サプリメントとして，販売されています。こうした今までになかったスポーツジムの仕組みは，新しい顧客を創造し続けています。これは，スポーツジムとサプリメントの提供によって新しいイノベーションが生み出されたと考えることができるでしょう。

さらに新しいイノベーションも生まれています。例えば，運動とプロテインの組み合わせは，糖尿病の改善にもつながり，女性用のサーキットトレーニングとプロテインの組み合わせは，中高年男性のダイエットにも有効となります。このように，プロテインと運動の組み合わせは新たな展開が見込まれ，顧客を創造し続けています。従来の，場所を提供するスポーツジムと違い，個人個人が自分の体を知る場として，アドバイスを受けることができ，効果的なサプリメントとともに，理想の体づくりを目指したいという，今までになかった顧客を創造し続けているのです。新しいサービスやサプリメントを提供することで顧客を創造するイノベーションと言えます。もちろん，こうしたサービスは，高品質であることが前提となります。その結果，新規獲得顧客数も客単価も上がることになるのです。このようにイノベーションとマーケティングで「顧客の創造」が実現されることも，成熟市場といえども可能なのです。

3　コンセプト解説：マーケティング

マーケティングとは，商品やサービスが売れる仕組みを作ることです。具体的には，市場調査／商品開発／広告宣伝／販売促進／営業／販売などすべてのプロセスを含んでいます。つまり，効率的に商品が売れるように行う一連のプロセスを，すべてまとめてマーケティングと呼ぶのです。先ほどの事例では，スポーツジムでは，運動の仕方を指導することによってサプリメントが売れるという仕組みがマーケティングなのです。

ドラッカーは，「マーケティングとは販売を不要にするもの」と定義しています。つまり，マーケティングは顧客に自ら売り込むことではありません。顧客が自然と買いたくなる仕組みを作ることです。顧客の求めることを正しく読み取り，商品やサービスを提供していくことなのです。マーケティングの考え方や捉え方は時代とともに変化しています。マーケティングを学ぶ上で，よく知られた研究者にフィリップ・コトラー（Philip Kotler）がいます。コトラーはマーケティングの時代変遷をマーケティング1.0から5.0の５つに分類しています。以下，それぞれについて説明しましょう。

①　マーケティング1.0：製品中心

1960年代は，マーケティング1.0と呼ばれる「製品中心」の時代でした。この時代は，市場のニーズは考慮せず商品やサービスを売るという，売り手が主導するマス・マーケティングに重点が置かれていました。その理由は，需要に対して供給が圧倒的に不足していたことです。顧客より企業が優位な立場であり，商品はすぐに売れてしまうからでした。そのため，企業は「自社やその製品について知ってもらうこと」をマーケティングの目的としていました。

②　マーケティング2.0：消費者中心

1960年代から1980年代はマーケティング2.0と呼ばれる「消費者中心」の時代でした。この時代では，技術革新が大きく進んだことから，消費者のニーズを満たすマーケティングがより重要になりました。商品を売るのではなく，「顧客の生活をより便利にする」ことがマーケティングの目的になりました。

③ マーケティング3.0：価値中心

1980年代から2000年代は，マーケティング3.0と呼ばれる「価値中心」の時代でした。環境問題や貧富の差といった社会問題が深刻化していたことにより，「世界をより良いものにしていく」ことを重視したマーケティングが行われるようになりました。顧客は，商品そのものではなく，商品の意味に魅力を感じて共感することに価値を置くことになりました。

④ マーケティング4.0：自己実現

2010年以降は，人間の欲求のうち最も高度であり，自己の内面的欲求を社会生活において実現する「自己実現」の時代です。人間の要求には下位の段階から順に生理的欲求，安全への欲求，社会的欲求，自尊欲求，自己実現欲求があります。自己実現欲求は，人間の物質的欲求が満たされたあとに出現する欲求です。したがって豊かな社会においては，この自己実現欲求が人間の重要な行動動機であると考えられています。つまり，顧客の自己実現を叶えるためのマーケティングといえるでしょう。

⑤ マーケティング5.0：デジタル・テクノロジー時代の革新戦略

最新のマーケティング5.0とは，デジタル技術を使ってマーケティングのレベルを向上させることです。マーケティング業務をできる限りデジタル化し，人の仕事を主観・経験・勘に頼らないといけない部分に集中させることで，より高度なマーケティングを目指すことが目的です。デジタル・データは，顧客の表面的な行動に関するものなので，背後に隠された顧客の態度や価値観までを読み取ることはできません。そのため，マーケティング5.0は，人間とデジタル技術の共生を目指すことになります。

それでは，ドラッカーからコトラーにつながる，マーケティングの意味について考えてみましょう。企業は製品やサービスを企画・設計するとき，競合企業よりも少しでも優れていることを意識します。しかし，企業が考えた通りに顧客が反応しないことは，珍しくはありません。顧客の行動を把握することが，マーケティングの課題となるのです。では，企業は，「顧客が欲しいと考えるもの，価値と考えるもの」をどうやって把握すればいいのでしょうか。ドラッカーはこの問いに対し，企業は，良いと思って作ったものを売ろうとするが，市場が要求するもの，すなわち，「顧客が欲しいもの，価値と考えるもの」を売ることがマーケティングだと述べています。つまり，マーケティングとは，顧客の視点から企業の製品を考え，企業全体で取り組むことなのです。企業全体で取り組むには，顧客ニーズを満たし，顧客価値を創造することが求められるのです。

4　コンセプト解説：イノベーション

ドラッカーは，1954年，『現代の経営』という本を出版しました。その中で，イノベーションについて，新しい欲求を創造し，顧客を満足させる活動と説明しました。ここでは，ドラッカーが示す，イノベーションを産み出す7つの要素について，説明しましょう。

写真3-1 P.F.ドラッカー

提供：共同通信社

①　予想外のもの

企業が製品やサービスを設計する際，必ず予想通りの結果が生まれるとは限りません。新製品が予想に反して失敗することも，思ったよりもうまくいくこともあるかもしれません。うまくいったケースにおいても，思ってもみなかった顧客が購入してくれることもあるでしょう。反対に，競合企業が予想以上に良い製品を出してくることもあるでしょう。予想外のことが起こった時には，運・不運だけではなく，次のビジネス展開を考えるために発想の転換をすることも必要です。

② ギャップ

次に，ギャップという概念です。ギャップとは，顧客が，製品やサービスを購入する際，購入前の期待と，購入後の知覚された品質との差異を表わします。買ってみたら，期待したほど良くなかったとか，逆に，価格の割に良かったなど色々なギャップがあります。こうしたギャップがイノベーションのきっかけになることがあります。

③ ニーズ

3番目はニーズです。ニーズとは顧客が望むものを指します。企業がすぐに理解できる顕在ニーズと，顧客自身でも気がつかない潜在ニーズがあります。企業は，顧客のニーズを正確に理解し，製品やサービスによって顧客ニーズを満たすことができれば，新たなイノベーションのきっかけとなります。

④ 産業市場の変化

4番目は，市場の変化です。2020年代の現代ではデジタル化やクラウドといった大きな革新が起こり，人々の生活も大きく変わりました。こうした環境変化に対し，新規事業を進めてきた企業が，高成長を遂げることが起こります。このような市場の変化がイノベーションにつながることがあります。

⑤ 人口動態

5番目は人口動態です。現在，世界の人口は約70億人と推定されています。しかし，それぞれの国で，出生率，平均寿命，人口構成など，大きく異なっています。例えば，日本は，高齢者の比率が高く，長寿社会といわれ，人生

100年計画といった言葉を耳にすることも多くなってきました。今までになかった，高齢者向けのサービスや製品市場が新たに誕生し，参入企業も増え，様々なイノベーションが起こる機会も増えてくることが予想できます。

⑥ 世論の変化

6番目は世論の変化です。持続可能な開発目標，SDGsは2015年の国連サミットで採択されました。持続可能でよりよい世界を目指す国際目標です。そこに記載されているのは，17のゴールと169のターゲットです。SDGsは発展途上国だけではなく，先進国が取り組む世界共通の概念として広く受け入れられています。人々の意識の変化は世論として広がり，様々なイノベーションが生まれる機会となっていきます。

⑦ 新発明

最後に新発明です。現代でも，多くのイノベーションは，科学的発見を基に起こるという考え方があります。一方，「必要は発明の母」という格言のように，必要に迫られると，おのずから発明や工夫がなされるという考え方もあります。いずれの場合においても，新発明がイノベーションにつながることがあります。

以上，ドラッカーによるイノベーションを産み出す7つの要素を説明しました。実は，ドラッカーは，イノベーションが成功しそうな順番で説明したのです。つまり，イノベーションが最も成功するのは，最初に挙げた「予想外のもの」，ということを示しています。そして，7番目に挙げた新発明は，直感的には最もイノベーションに結びつきそうですが，ドラッカーは，最後に挙げているのです。このように，イノベーションを産み出す7つの要素について見てきましたが，さらにドラッカーは，7つの要素をどのようにイノベーションに結びつけるかについて説明しています。ドラッカーは，いかなる企業においても，イノベーションは3種類あると説明しています。製品・サービスにおけるイノベーション，市場におけるイノベーション，流通チャネルにおけるイノベーションの3種類です。

しかし，デジタル化が進んだ現代におけるGAFA，すなわち，Google，Apple，Facebook（現Meta），Amazonのような，ドラッカーが挙げる３種類のイノベーションを超えた，エコシステムという新たなイノベーションの出現は，さすがのドラッカーも予想できなかったのでしょう。誰も予想することができない未来に投資し，リスクを負って新しい事業にチャレンジしていくには，様々な経験や過去の成功体験に基づく意思決定はもちろん大事です。しかし，やってみたいと思う熱意と思いが新たなイノベーションの創造につながる，ということを常に認識しておく必要があります。

5　コンセプト解説：顧客の創造

企業の存在目的とは何かという問いに対して，より売上を上げるため，最大の利益を達成するため，株主価値最大化のため，従業員の会社に対する忠誠心向上のため，など，経営学では誰もが思いつく答えはすぐに出てきます。しかし，ドラッカーは，多様な企業形態がなぜ存在するのかという問いに対し，「顧客の創造」という新しい概念で答えを出しました。ドラッカーの『現代の経営』の中に，この「顧客の創造」に関するよく知られた一節があります。読んでみましょう。

> 「もしもビジネスとは何かを知りたいのであれば，その目的に着目すべきである。その目的は，ビジネスそのもの以外のところにあるはずである。企業は公器であり，目的は社会である。企業の目的として有効な定義は一つしかない：顧客の創造なのである。」

この「顧客の創造」の意味をもう少し考えてみましょう。ドラッカーは，何を作るか，何を売るかを考えるよりも，顧客が何を求めているかを考える方が大事であり，その実現のための価値を提供すべきであるという説明をしました。現代の事例に当てはめてみると，自動車メーカーは，電気自動車のようなクリーンで性能の良い車を製造することを目指しているからこそ，社会に受け入れられているという考え方です。しかし，ほんの20年前には，電気自動車は存在していなかったし，ガソリンエンジンを超える性能が得られるなど，誰もが考えなかったのです。市場は，絶えず変化します。企業は，このような変化の中でも，中・長期的な視点でビジネスを捉え続けなければなりません。つまり，目先の変化ばかりを追い続けると，顧客の創造がおぼつかなくなってしまうのです。自社にとって，顧客が期待するのは，どの分野か，どの分野を選択し経営資源を集中させればよいのかを見極め，資源を割り当て，実行するのが経営者の責務となるのです。このように，企業の目的は，新たな顧客の創造なのです。ドラッカーは，顧客の創造という概念に対して，企業には2つの基本的機能が存在することを示しました。マーケティングとイノベーションの2つです。ドラッカーは，企業の成長を生み出すマーケティングと，企業に変化を創り出すイノベーションが企業本来の最も大切な機能であると指摘しました。このマーケティングとイノベーションの関係を図表3－1に示しています。

図表3－1 企業の基本機能

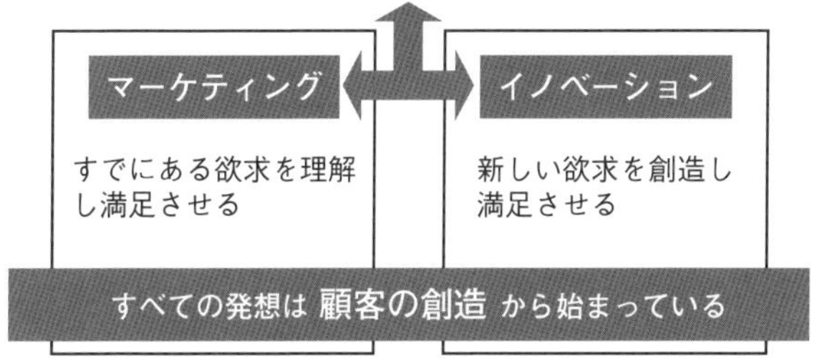

出所：ドラッカー著，上田訳（2015）より筆者作成

ここでいう，マーケティングとは，顧客がすでに持つ要求を探る活動であり，市場の変化を察知し，顕在化，あるいは，潜在化したニーズを解決する活動を言います。一方，イノベーションとは，新しい欲求を創造し，満足させる活動なのです。さらに，マーケティングとイノベーションは補完的な関係として機能します。マーケティング活動が滞ると，企業の短期的なビジネスがうまくいかなくなります。一方，イノベーションは，企業の中・長期的な成功を目指すものなのです。そして，マーケティングとイノベーションの

両者をマネジメントするのが経営の役割なのです。

イノベーションとマーケティングで「顧客を創出する」ことは，市場規模に関係なく，競争に勝ち抜くためにはやらなければならない時代になっています。企業は，自社製品を売るとき，「他社との違い」や「自分たちから見た強み」に意識を向けがちですが，「顧客が欲しいもの，価値と考えるもの」とかけ離れてしまっていることがよくあります。これを把握することがマーケティングにおいて非常に重要なのです。こうして，イノベーションの必要性が生まれるのです。社会は常に変化していくものであり，それに伴い企業も変化する必要が生じます。イノベーションを起こし，マーケティングを行い，新たな顧客を創造しなければなりません。こうした新たな顧客が集まって，マーケット，新しい市場が出来上がります。

6 おわりに

アマゾンがネット上で本を買えるというイノベーションを行ったおかげで「欲しい本が本屋に行かなくても手に入る」というニーズが生まれ，マーケティングに成功したことで，現在では本はアマゾンで買うのが当たり前になりました。さらに，Kindle（キンドル）という本をそのまま電子化し，ダウンロードできるという本の買い方が新たに生まれました。つまり新たな顧客を創出したのです。本をダウンロードして買うという大きなマーケットが生まれました。このようにイノベーションとマーケティングで「顧客を創出する」ことは，市場規模に関係なく，競争に勝ち抜くためにはやらなければならない時代になっています。企業は，自社製品を売るとき，「他社との違い」や「自分たちから見た強み」に意識を向けがちです。ですが「顧客が欲しいもの，価値と考えるもの」とかけ離れてしまっていることがよくあります。これを把握することがマーケティングにおいて非常に重要なのです。こうして，イノベーションの必要性が生まれるのです。

◆主要参考文献

● Drucker, P. F.（1975）*The Practice of Management*, Allied Publishers.（上田惇生訳『現代の経営（上）（下）』ダイヤモンド社，1996年）

- Drucker, P. F.（1985）*Innovation and Entrepreneurship*, New York: Harper & Row.（上田惇生訳『イノベーションと起業家精神（エッセンシャル版）』ダイヤモンド社，2015年）
- Kotler, P., H. Kartajaya, and I. Setiawan（2021）*Marketing 5.0: Technology for Humanity*, John Wiley & Sons Inc.（恩藏直人監訳，藤井清美訳『コトラーのマーケティング5.0 デジタル・テクノロジー時代の革新戦略』朝日新聞出版，2022年）

さらに学習したい人のために

- 伊藤宗彦編著（2023）『イノベーション・マネジメント』放送大学教育振興会。

イノベーションについてさらに詳しく学びたい人に，良く知られた理論について簡潔にまとめています。

- 伊藤宗彦・松尾博文・富田純一編著（2022）『1からのデジタル経営』碩学舎。

最新のデジタル経営やマーケティングを学ぶ入門書です。AIや量子コンピューターなど，最新の情報がわかりやすく説明されています。

- 岩崎夏海（2009）『もし高校野球の女子マネージャーがドラッカーの『マネジメント』を読んだら』ダイヤモンド社。

ドラッカーのマネジメントを物語で学びます。全く，基礎知識がなくても，物語としてマネジメントを理解することができます。

◆コラム◆ イノベーションと起業

イノベーションは，人間や社会の時々の都合や能力の限界によって制約を受けます。人間の情報処理能力は限定されており，限られた範囲内で合理性を追求するようにできています。イノベーションが生まれる基本的な要因には，人や社会，そして，時代などがあります。そこでナショナル・イノベーション・システムという考え方が登場します。つまり，国によって，イノベーションが生まれる背景が異なるという考え方です。アメリカではスタート・アップスと呼ばれる研究開発型の小規模な企業がイノベーションにおいて大きな役割を果たしています。また，これらのスタート・アップスには大学も大きな役割を果たします。ドイツでは，マイスター制度と呼ばれるものづくりの仕組みがあり，熟練の労働者が優遇され，質の高い資本財を生産する仕組みがあります。経済のグローバル化が進んでいる今日では，国によってイノベーションが生み出される仕組みが大きく異なっているのです。ここでは，ベンチャー企業とスタートアップ企業について説明しておきましょう。

日本では先端技術やサービスを中心に新設された会社をベンチャー企業と呼んでいます。そもそもこのベンチャー企業という言葉は日本語であり，英語の辞書には載っていません。アメリカではこうした新しい企業の事を，スタート・アップスと呼びます。それぞれの違いは，その企業が考える目的，つまり，どのような企業になりたいのかという点にあります。日本のベンチャー企業は，短期的と言うよりも中長期的に課題に取り組もうとしますが，アメリカのスタート・アップスは短期間でのエクジットを目的にします。エグジットとは企業の投資回収のことであり，例えばIPOと呼ばれる株式公開，あるいはM&A等によるバイアウト，つまり第三者への売却によって多額の資金や利益を獲得することを目指します。特に，アメリカのシリコンバレーなどのスタート・アップスは一気呵成に成長を成し遂げようとします。

一方，日本のベンチャー企業は，その製品やサービスを，既存のビジネスモデルをベースに展開し，利益と長期成長を目指すことが多いようです。身の丈に合った長期的な成長を目標に，人材育成や組織能力の向上を目指そうとするのが日本企業です。イノベーションの歴史は人類発展の歴史でもあります。近年，企業家，および，企業家精神について様々な議論が展開されています。特に，日本市場は，起業家が育ちにくい市場とされているため，このような議論は特に重要となります。したがって，起業家，および起業家能力のあり方や類型化，さらには，起業家を排出する組織風土を学ぶことは，イノベーション研究の第一歩，つまり，新製品を生み出す能力を研究することと考えることができるのです。

最後に，イノベーションを学ぶ上でのポイントを示しておきます。イノベーションとは，何か新しいものを取り入れ，既存のものを変えるという意味を持ちます。イノベーションは，企業や産業が発展するために最も重要な要素となります。イノベーションは，製品開発面で重要な役割を果たしますが，その他にも組織の制度や仕組みにおいても役割を担います。イノベーションは企業家が遂行するものです。そのプロセスは国の制度や風土によって影響を受けるということを忘れてはならないのです。

第4章 マーケティング戦略

1　はじめに

本章では，マーケティング戦略について学びます。マーケティング戦略とは，お客様に購入して頂くための仕組みです。簡単に言うと，製品を開発し，価格を付け，販売経路を決め，広告や人的販売により売上，ひいては利益を高める計画および実行です。ここでは，消費財メーカーの立場から説明します。

マーケティング戦略において，コンセプトが重要とよくいわれます。コンセプトとは，製品の概念を意味します。例えば，iPodのコンセプトは，「1,000 Songs in Your Pocket（1,000曲をポケットに）」です。これまでCDを持ち歩かなければならなかったのが，ハードディスク内蔵型となったことで，このコンセプトが実現されました。また，スターバックス コーヒーのコンセプトは，「Third place（第３の場所）」です。第一の場所が家庭，第二の場所が職場，第三の場所としてスタバでくつろいでくださいという意味です。おしゃれで落ち着いた店舗は，このコンセプトを具現化しているといえるでしょう。

このように，ヒット商品や人気のサービスの多くは，コンセプトが明確で魅力的に練り上げられ，ぶれないことが特徴といわれています。このコンセプトを実現するために，マーケティング戦略が構築されます。

2　スマートフォンのマーケティング戦略

Appleといえば，数々のヒット商品を有する巨大IT企業です。ここでは，スティーブ・ジョブズによるiPhoneのプレゼンテーションをもとに，Apple

の卓越したマーケティング戦略を見てみましょう。

Appleは数年に一度，世の中を一変させるような新製品を出しています。1984年にパーソナル・コンピュータのMacintoshを発表しました。性能だけでなくそのデザイン性も話題になり，パソコン業界に大きな貢献を果たしました。2001年には，iPodを発表しています。音楽の聴き方だけでなく，音楽業界全体に大きな影響を与えました。そして，2007年にiPhoneを発表しました。

iPhoneには，３つの大きな特徴があります。第一に，ワイド画面でタッチ操作ができるiPodであること。第二に，革命的な携帯電話であること。第三に，画期的なネット通信機器であることです。ジョブズはプレゼンテーションの中で，「これらは独立した３つの機器ではなく，１つの製品なのです。名前はiPhone。アップルが電話を再発明します」と高らかに宣言しています。

同じくプレゼンテーションにおいて，iPhoneの優位性を説明するのに，ポジショニング・マップを使っています。縦軸に「smart－not so smart（賢さ軸）」を，横軸に「easy to use－hard to use（使いやすさ軸）」をとりました。Cell Phones（いわゆるガラケー）は賢さ軸，使いやすさ軸ともに低い位置にあります。また，当時すでに販売されていた他社のスマートフォンは，賢さ軸は高いが使いやすさ軸は低いとしています。基本操作を覚えるだけでも大変と評しています。そこで，求められるのが賢くて使いやすいスマートフォン，これこそがiPhoneなのだと主張します。

使いやすさがよくわかるのは，ユーザーインターフェースです。当時の他社のスマートフォンは，下半分がプラスチックで固定されたキーボードが付いていました。アプリによって最適なボタン配置が異なるにもかかわらず，どのアプリも固定されたボタンを使わなければなりませんでした。もちろん，すでに出荷された製品に新しいボタンを追加することもできません。そこで考えられたのが，ボタンをすべて取り払い，巨大な画面だけにしてボタンを表示するというアイデアです。

プレゼンテーションでは，次に巨大画面の操作方法について説明しています。まず，マウスは無理だと判断しました。次に挙がったのがスタイラス

（タッチペン）の利用でしたが，ジョブズはボツを言い渡します。その理由について，「誰がスタイラスを望むのか。すぐになくしそうだ」と指摘します。そして，操作ツールとして採用されたのが，世界最高のデバイスと称した指だったのです。

以上のことから，Appleのマーケティング戦略は，マーケティングの本質であるユーザーの立場に立った考え方が徹底されているといえます。

3　マーケティング戦略のプロセス

それでは，マーケティング戦略のプロセスについて見ていきましょう。マーケティング戦略は，主として**図表4－1**の手順で組み立てていきます。はじめに，セグメンテーションにより市場細分化を行い，細分化された市場からターゲットを選定（ターゲティング）し，競合製品と差別化（ポジショニング）します。そして，位置づけたポジションに適合するコンセプトを開発します。このコンセプトを具現化した製品を開発（製品戦略）し，価格を

図表4－1　マーケティング戦略のプロセス

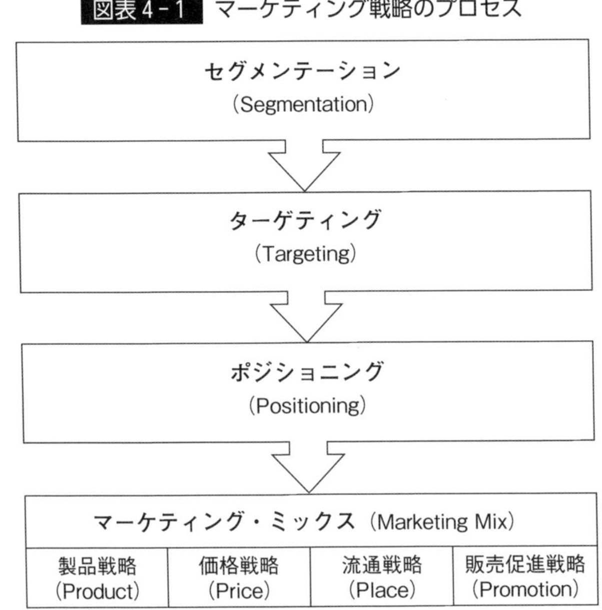

出所：Kotler and Keller（2006），邦訳を基に筆者作成

設定（価格戦略）します。そして，販売経路を決定（流通戦略）し，広告や人的販売（販売促進戦略）により製品の認知度を高め，購買を促進することが，マーケティング戦略の一連のプロセスです。

なお，セグメンテーション，ターゲティング，ポジショニングは，頭文字をとってSTPと呼びます。また，製品戦略から販売促進戦略までを総称して，マーケティング・ミックスといいます。マーケティング・ミックスは，Product，Price，Place，Promotionの頭文字をとって4Pともいいます。以下，順番に説明していきます。

(1) セグメンテーション

セグメンテーションは細分化と訳され，市場を同様のニーズを持つ層に分けることを意味します。例えば，アパレルの場合，年齢層によってデザインの趣味嗜好が変わるでしょう。ベビーやキッズ，ヤングといった分け方が典型例です。

セグメンテーションの基準には，次のような変数があります。第一に，人口統計的変数です。性別や年齢等が該当します。アパレル業界であれば，性別の区分として，メンズやレディースが用いられています。第二に，社会経済的変数です。所得や職業等が該当します。所得については，自動車業界における大衆車と高級車が典型例です。第三に，地理的変数です。地域や都市規模，人口密度，気候等が該当します。例えば，地域については，同じブランドでも関西風・関東風といったように味つけを変えている食品があります。第四に，心理的変数です。性格やライフスタイル等が該当します。例えば，性格では保守的と革新的，ライフスタイルではアウトドア派とインドア派が典型例です。第五に，行動的変数です。使用頻度や使用状態等が該当します。使用頻度ではライトユーザーやヘビーユーザー等，使用状態では初回使用者や定期的使用者等が例に挙げられます。

(2) ターゲティング

ターゲティングとは，セグメンテーションで細分化した市場から標的市場を選定することです。標的市場の選定の主な基準について，確認しておきましょう。第一に，採算が見込める市場規模があって，今後も成長が見込めることです。黒字が見込める市場規模があり，今後も成長軌道にあれば，成功の確率が高まると考えられます。第二に，自社の経営資源における強みが活かせることです。経営資源とは，人，物，金，情報です。経営資源上の強みが活かせれば，同じく成功の確率が高まるといえるでしょう。第三に，競争がないまたは勝てる市場を標的にすることです。ライバルがいないか，ライバルに勝つことができれば，やはり成功の確率が高まります。以上の3つの基準を検討して，標的市場を選定します。そして，選定したターゲット客層のニーズを詳細に把握し，そのニーズを満たす製品を企画していきます。

(3) ポジショニング

ターゲット客層のニーズを満たしていたとしても，競合製品より支持されないと購入してもらえません。そこで，次に考えなければならないのが，ポジショニングです。ポジショニングとは，競合製品と差別化することです。企業はよくポジショニング・マップを作成し，企画している新製品と競合製品をマップ上に位置づけ，いかに差別化するかを検討します。

Appleのスティーブ・ジョブズは，先述のプレゼンテーションの中で，ポジショニング・マップを示し，Cell Phonesや他社のスマートフォンとの違いを明確にし，iPhoneの優位性をアピールしていました。このように，自社製品をいかに競合製品と差別化するかが，ポジショニングのポイントです。

アパレルでは，前衛的を意味するアバンギャルド，保守的を意味するコンサバティブ，前進的を意味するプログレッシブといった軸でポジショニング・マップを作成し，新製品をどこに位置づけるかを検討します。

(4) 製品戦略

次に，ポジショニングで位置づけた製品を具現化していきます。これが，製品戦略です。まず，製品を開発するにあたって，中核となるベネフィットを決定します。ベネフィットとは便益を意味し，製品の核となるものです。この製品を使うことによって，どのようなメリットがあるのかを明確にします。例えば，化粧品であれば，美への貢献がベネフィットになります。そして，次に決定しなければならないのが，ブランド名やデザイン，品質，機能，パッケージ等です。これらの要素で製品が形づけられます。また，家電であれば，エアコンのように取り付けが必要な製品もあります。このような付随することも製品の１要素と捉えます。さらに，アフターサービスや保証，配達等も製品の構成要素なのです。

製品開発は，基本的に図表４－２の通り進めていきます。以下，順番に見ていきましょう。

図表４－２　製品開発のプロセス

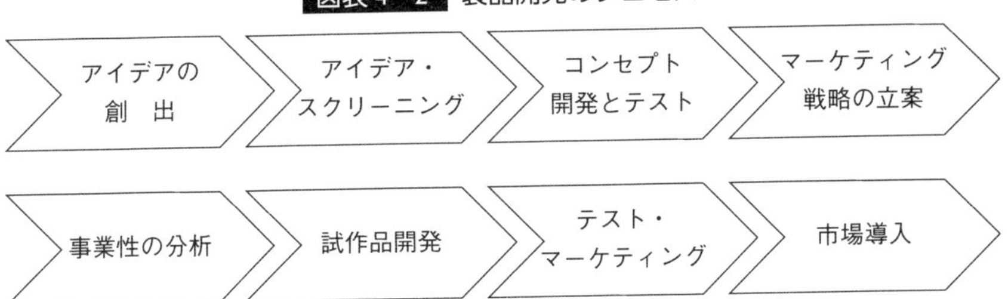

出所：Kotler and Keller (2006)，邦訳を基に筆者作成。

製品を開発するにあたって，アイデアを出さなければいけません。これが，「アイデアの創出」です。アイデアの創出方法として，「オズボーンのチェックリスト」が良いヒントを与えてくれます。このチェックリストには，転用，応用，変更，拡大，縮小，代用，置換，逆転，結合が挙げられています。例えば，逆転は逆転の発想とよくいいますが，逆にしてみたら面白いのではないか，前後を入れ替えてみたらどうだろうか，という考え方です。ユニバーサル・スタジオ・ジャパンの後ろ向きに走行するジェットコースターのアイデアは，まさにこの考え方といえるでしょう。

出された複数のアイデアをすべて採用するわけにはいきませんので，良いアイデアを絞り込むために「アイデア・スクリーニング」を行います。その絞り込みの基準はいくつかありますが，ここでは主な項目を挙げて説明します。第一に，企業目標に合致していることです。素晴らしいアイデアであっても，企業の目標に合致していなければ，採用される可能性は低くなります。第二に，ターゲット客層のニーズを満たしていることです。ニーズを満たしている製品であればあるほど，成功の確率が高まると考えられます。第三に，製品が差別化されていることです。ありきたりで先行の競合製品とさほど変わりがなければ，成功の確率はどうしても低くなります。

次に，スクリーニングを通過した優れたアイデアのコンセプトを開発し，ターゲット客層にとって魅力的なものかをテストします。これが，「コンセプト開発とテスト」です。先述した通り，マーケティング戦略において，このコンセプトが明確で魅力的に練り上げられていることがとても大切です。テストはターゲット客層に開発したコンセプトを提示し，購入意向等についてアンケートに答えてもらうといった方法がとられます。

アンケートの結果，魅力的なコンセプトであることが確認できれば，「マーケティング戦略の立案」に進みます。マーケティング戦略は先述した通り，お客様に購入して頂くための仕組みで，製品戦略，価格戦略，流通戦略，販売促進戦略から構成されます。

そして，上述のマーケティング戦略を講じて，製品がどれだけ売り上げ，どれだけ費用がかかり，最終的に利益をいくら残せるかを検討します。これが，「事業性の分析」です。この事業性の分析で基本的に目標利益の達成が見込めれば，「試作品開発」に進みます。

試作品開発にあたっては，主に次の条件を満たすことが要求されます。第一に，コンセプトの重要な特性が具現化されることです。例えば，iPodであれば，1,000曲をポケットに入れることができるハードディスクの容量が必要になります。第二に，通常の用途と状況で安全に機能を発揮できることです。いくらコンセプトが具現化されても，安全に使用できなければ製品化はできません。第三に，予算内で生産できることです。コンセプトが具現化され，安全に使用できたとしても，妥当なコストで開発できなければ，製品化は困難と判断せざるを得ません。

試作品ができれば，実際に売れるのかを確認するため，テストが行われます。これが，「テスト・マーケティング」です。特定の地域で試験的に販売し，消費者の反応を見るといったことが行われます。このテスト・マーケティングの結果が良好であれば，商品化して「市場導入」されることになります。

(5) 価格戦略

次に，価格戦略について見ていきましょう。もちろん，価格は商品についている値段です。学問的に定義をすると，消費者が製品やサービスを所有することや使用することによって得られる便益に対する交換価値の合計となります。商品を購入するのは，その商品に何らかのメリットがあるから購入することが多いでしょう。そのメリットが便益です。この便益に対する対価が交換価値を意味しています。

価格の設定方法には，「コスト志向型」，「需要志向型」，「競争志向型」，その他の価格設定があります。以下，順番に見ていきましょう。

コスト志向型価格設定は，製品１個当たり原価に製品１個当たり利益をのせて価格とする方法です。例えば，製品１個当たり原価が300円で，製品１個当たり利益を700円とすると，価格は1,000円になります。

需要志向型価格設定は，製品へのターゲット客層の知覚価値に基づいて，価格を設定する方法です。具体的には，消費者は提示された便益に対して，いくらであれば支払うかを調査して決定します。

競争志向型価格設定は，競合製品の価格に重きを置いて設定する方法です。競合製品の価格より高くするか，安くするか，横並びとするかを検討して価格を決定します。

その他の価格の設定方法では，心理的価格があります。人の心理をついた価格の設定方法で，いくつか種類があります。第一に，端数価格です。1,980円など端数を付した価格です。よくスーパー等で見られます。限りなく2,000円に近いにもかかわらず，千で始まることから安く感じられるわけです。まさに，人の心理をついた価格といえるでしょう。第二に，威光価格です。ステイタスの高さを訴える価格です。ラグジュアリー・ブランドの価格が典型例です。第三に，慣習価格です。業界内で慣習化した価格です。自動販売機の飲料の価格設定が一例です。最後は段階価格です。これは，松竹梅といった段階化した価格です。

以上，価格の設定について見てきましたが，多くの場合，これらの設定方法を総合的に検討して決定します。

⑹ 流通戦略

続いて，流通戦略について見ていきましょう。流通戦略とは，製品をどのような経路で販売するかを決定することです。はじめに，流通について定義しておきましょう。流通とは，生産と消費の懸隔を意味します。簡単に言うと，メーカーと消費者の隔たりの橋渡しをすることです。例えば，スナック菓子をメーカーから直接購入している方は，ほぼいないでしょう。多くの方は，コンビニやスーパーで購入しているでしょう。このように，菓子メーカーと消費者との間に小売業が入っているわけです。この小売業がメーカーと消費者との橋渡しをしていることになります。流通は，直接流通と間接流通の２つに分かれます。直接流通とは，メーカーが直接消費者に販売することです。間接流通とは，メーカーと消費者の間に流通業者である卸売業や小売業が入る形態です。多くの製品は，この間接流通で消費者に届けられています。

次に，流通チャネルについて説明します。流通チャネルとは，製品がメーカーから消費者へと動く時，所有権を取得したり，その移転の補助をしたりするあらゆる企業と個人の集合です。簡単に言うと，メーカーがつくった製品を消費者に行き渡らせる役割を担う企業や個人で商売をしている卸売業や小売業のことです。

メーカーが流通チャネルを決定するにあたり，３つの方法があります。第一に，「開放的流通チャネル」です。販売場所が消費者に近いほど売れる製品に適用されます。つまり，どこででも買える状況をつくり，市場を幅広くカバーするという戦略です。例えば，ガム等はコンビニやスーパーをはじめ，数多くの店で販売されています。どこででも買える状況が，開放的を意味します。第二に，「選択的流通チャネル」です。商品の購入頻度がさほど高くなく，ある程度の製品イメージの保持が必要な製品に適用されます。つまり，イメージに適した流通チャネルを選択するという戦略です。例えば，アパレルブランドなどが挙げられます。第三に，「排他的流通チャネル」です。高いブランド・イメージを保つ必要のある製品に適用されます。つまり，販売権を専属的に与えるなど，流通チャネルを限定するという戦略です。高級ブランドの専門店が典型例です。

(7) 販売促進戦略

最後に，販売促進戦略について見ていきましょう。販売促進戦略は図表4－3の通り，「プッシュ戦略」と「プル戦略」の２つに分かれます。

図表4－3 販売促進戦略の枠組み

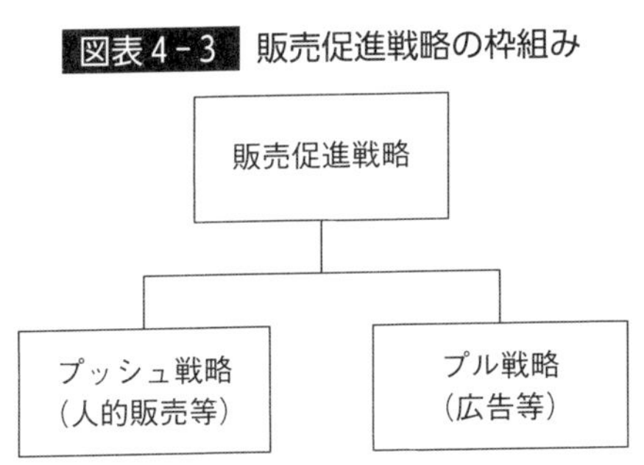

出所：Kotler and Keller（2006），邦訳を基に筆者作成

まず，プッシュ戦略から説明します。プッシュとは，人的販売等を通じて自社製品を押し出すという意味です。メーカーの営業担当者の活動は，新規の取引先を開拓するとともに，既存の得意先との取引を維持することが重要な役割です。そのためには，双方向の良好なコミュニケーションが必要です。得意先のニーズや抱える課題を把握し，適切な解決策の提供を通じて，自社製品の販売を促進します。

プル戦略のプルは引くという意味で，広告等を通じて自社製品の指名買いを引き出すという戦略です。メーカーが消費者に対してCMを放映し，消費者はそのCMを視聴して店に行き，指名買いを行います。そして，小売業者は卸売業者に対して，卸売業者はメーカーに対して指名注文するという流れを辿ります。

次に，広告による効果的なコミュニケーションについて説明します。ここで重要なのは，ターゲット客層の置かれている状況に合わせて，広告内容を変えることです。以下，順番に見ていきましょう。第一に，知名度です。まだ商品が知られていない場合は，ターゲット客層に知らせることが重要です。第二に，理解度です。商品は知っているが理解されていない場合は，ターゲット客層に教えることが必要になります。第三に，評価度です。ターゲット客層の評価が低い場合は，魅力を感じてもらうなどして，評価を高めることが大切です。第四に，選好度です。ターゲット客層が競合商品を購入している場合は，自社商品を購入してもらうようにしなければなりません。第五に，確信度です。ターゲット客層が自社商品の購入を躊躇している場合は，自身にとって適切な商品であることを確信させることが重要です。第六に，購買度です。ターゲット客層が購入方法をわかっていない場合は，わかりやすく伝えることが必要です。以上のように，ターゲット客層の置かれている状況によって，有効な広告の内容が変わってくるのです。

続いて，キャッチコピーやキャッチフレーズに代表される，広告メッセージの決定について見てみましょう。効果的な広告メッセージのモデルとして，「AIDA」があります。AはAttentionのAです。注目を集めることです。IはInterestのIで，興味を引きつけることです。DはDesireのDで，欲求を喚起することです。最後のAはActionのAで，行動を起こさせる，すなわち購入に至らせることです。以上の内容が含まれた広告メッセージは，販売促進に有効といわれています。

広告メッセージの具体的な内容については，大枠的に次の3つが挙げられます。第一に，「機能訴求」です。製品が消費者に与えるベネフィット（便益）をアピールする方法です。例えば，医薬品の効能効果のアピールが挙げられます。第二に，「情緒訴求」です。製品購入を動機付ける感情を掻き立てるアピール方法です。例えば，商品の好感度を上げるイメージの訴求等が挙げられます。第三に，「倫理訴求」です。広告の受け手に当該商品を購入することは正しく適切であることを把握させるアピール方法です。当該商品を購入することで，環境保護に貢献できることを訴求するといったことが，例として挙げられます。

4　おわりに

ここまで，マーケティング戦略について見てきました。はじめに，コンセプトが大切であることを述べました。このコンセプトを開発する準備がSTP（セグメンテーション，ターゲティング，ポジショニング）であり，コンセプトを実現するのがマーケティング・ミックス（製品戦略，価格戦略，流通戦略，販売促進戦略）であることを理解頂けたと思います。

近年，デジタル・マーケティングが急速に進展しています。製品戦略では，AIを活用した製品が開発されています。また，SNS映えすることを重視した製品開発も行われています。

価格戦略においても，AIが価格を設定するといったケースが見受けられます。例えば，需要と供給に応じて，AIが価格を変動させるダイナミック・プライシング等が挙げられます。

流通戦略では，インターネット販売は言うまでもなく，メタバースでのショッピングも行われています。ライブコマースも伸びています。ライブ動画を配信し，視聴者はリアルタイムに質問やコメントをしながら商品を購入できるECです。テレビショッピングが主として一方向であるのに対し，ライブコマースは双方向であるというのが特徴です。売り手とのコミュニケーションを通じて，買い手が商品をより深く理解した上で購入できるというメリットがあります。また，双方向性は，売り手と買い手の良好な関係を構築するのに効果を発揮します。まさに，ライブコマースは，ECに実店舗における対面販売の長所を取り入れた進化形といえます。

販売促進戦略では，FacebookやInstagram等のSNSを使った広告をはじめ，インターネット広告が著しい伸びを示しています。また，サイト上で情報を入力すると，おすすめの商品が提案されるレコメンデーションの精度も高まっています。

今後もデジタル技術の進化並びにインターネットの利便性の向上とともに，マーケティング戦略はこれらの進歩をうまく活用しながら発展していくことが予想されます。

◆主要参考文献

- 嶋口充輝・石井淳蔵（1995）『現代マーケティング〔新版〕』有斐閣。
- 和田充夫・恩藏直人・三浦俊彦（2022）『マーケティング戦略〔第６版〕』有斐閣。
- Kotler, P. and K. L. Keller（2006）*Marketing Management, 12nd Edition*, New Jersey: Pearson Education Inc.（恩藏直人監修，月谷真紀訳『コトラー＆ケラーのマーケティング・マネジメント〔第12版〕』丸善出版，2008年）。

さらに学習したい人のために

- 石井淳蔵・廣田章光・清水信年編著（2020）『1からのマーケティング〔第4版〕』碩学舎。

　具体的な企業のケースを通じて，わかりやすくマーケティング発想から関係のマネジメントまでを解説しています。

- 石井淳蔵・廣田章光編著（2021）『1からのブランド経営』碩学舎。

　マーケティング分野で重要な位置を占めるブランド経営について，ブランド・ヒストリーを通して基礎から学べます。

- 水野誠（2022）『マーケティングは進化する―クリエイティブなMarket＋ingの発想〔改訂第2版〕』同文舘出版。

　伝統的なマーケティングの基本から実務で注目されている方法まで，マーケティングの理論と実践についてバランスよく学べます。

◆コラム◆ 論理的かつ創造性豊かな商品企画PBL

マーケティングは，知性と創造性が必要だと考えています。商品企画の場合，専門的な知識を擁して論理的に考え，企画することが大切です。そのためには，情報を収集・分析し，結論を導くというプロセスが要求されます。一方で，これまでの経験や個々が持っている豊かな感性から発想して，自由に創造することも大切だと感じています。

もう1つ，マーケティングにおいて重要となるのが実践です。いくら論理的に考え，創造性豊かな素晴らしい企画ができたとしても，それを実行できなければビジネスとして成り立ちません。したがって，マーケティング教育においても，テキストやレジュメを理解するだけでなく，その内容を実際に活用して実行することが重要となります。大学では試験やレポートが単位認定のために実施されますが，実践した結果を評価指標とすることも有効と考えます。理論と実践は車の両輪であり，講義で学んだことを実行に移し，将来的に実社会で活かせてこそ，学び甲斐があるともいえるでしょう。

以上のことを実現する実践的教育方法が，PBLです。実在の企業からテーマを与えて頂き，学生がその課題解決に向けて効果的な企画を提案することが，PBLの主な内容です。将来，企業等で活躍できる人材になるにあたって，有効な教育方法といわれています。マーケティング分野のPBLでは，よくテーマとして商品企画と広告企画が課されます。商品企画では，ターゲット客層のニーズに合った新商品の企画や，すでに販売している商品の改善策の提案等が挙げられます。また，広告企画では，商品の認知度向上策や効果的な広告メッセージの立案，最近ではプロモーション動画の制作といったテーマが課されます。

学生はこれらのテーマに対して，関連する論文や専門書を読む先行研究のレビュー，ターゲット客層へのインタビュー調査やアンケート調査を通じて，課題解決に向けて検討していきます。この実践のプロセスが，テキストやレジュメのより深い理解に結び付き，将来の仕事へとつながっていきます。

商品企画をPBLで行った際，学生はこれまで学んだマーケティングの知識を発揮して，課題解決に取り組んでいきました。マーケティング戦略のプロセスであるセグメンテーションを行い，その中で当該企業の強みが活かせるターゲットを選定し，そのニーズを把握しました。次に，ポジショニング・マップを作成し，競合製品との差別化を考えました。そして，マーケティング戦略で重要とお話ししたコンセプトを設定しました。このコンセプトを具現化するため，マーケティング・ミックスとして，製品仕様をまとめ，価格を付け，流通チャネルを選定し，販売促進策を構築しました。最後の発表会にて企業へ企画した新商品を提案した結果，採用する可能性があるとの評価をもらい，学生はとても喜んでいました。まさに，やり遂げたという達成感を得ていました。この光景を目の当たりにして，PBLの有効性を確信しました。

以上のようなPBLの経験は，企業のインターンシップにおいて力を発揮することが見込まれます。インターンシップで出された課題に対し，PBLから得られた知見が活かされると考えます。そして，就職活動において，学生時代に力を入れたこととして，自信をもって力強くアピールすることができます。さらに，就職してから，マーケティングの現場で活躍する糧となると信じています。

第5章 サービス・マーケティング

1 はじめに

皆さんは，「サービス」と聞いて，何を思いうかべるでしょうか。

私たちの生活に最も身近にあるサービスは，まとめきれないほど多様化していて，経営学で学ぶことは難しいとされています。その一方で，第３次産業であるサービス業の就業人口は最も多い分野でもあり，大学生活でのアルバイトで多くの人が経験する産業かもしれません。

第４章では，「モノ」を顧客に購入してもらうための仕組みであるマーケティング戦略について学びました。この章では，サービス・マーケティングについて学びます。サービス・マーケティングとは，サービスそのものや製品・商品に付随する機能（サービス）の価値を顧客に対して提供し，顧客に満足を与えるための仕組みのことです。ふと見渡すと私たちの日常生活や周囲は，様々なサービスで成り立っていることがわかります。そして，サービス（価値）は，私たち「人」の直接的な行為により生み出され，支えられているのです。

では，ここから，身近な事例をもとに，サービス・マーケティングについて学びましょう。

2 ファーストフードのマーケティング戦略

この章では，サービス・マーケティングについて，ファーストフードの事例で説明します。

約50年前の日本には，「外食」という概念はなく，外での食事は，祝いごとなどの特別な日だけでした。「外食産業」という言葉すらなく，外食産業は全くの未開拓の市場でした。この「外食」で食文化にイノベーションを起こし，外食産業を１つの産業として発展させてきたのがマクドナルドです。それでは，外食産業の黎明期から，牽引してきたマクドナルドを事例として，サービス・マーケティングを学びましょう。

マクドナルドの価値観の根幹は，「お客様第一主義」，「QSC&V」，「ピープルビジネス」です。「QSC&V」とは，Q（Quality）は「品質」，S（Service）は「サービス」，C（Cleanliness）は「清潔さ」，最後にV（Value）は「価値観」です。マクドナルドは，この価値観を具体的な「サービス（価値）」という形にし，誰もが安定してサービスを提供できる仕組みを作り，顧客満足へとつなげています。この仕組みに大きな役割を果たしているのがハンバーガー大学での人材育成なのです。ハンバーガー大学は，「日本で一番人材を育てる企業でありたい」というビジョンのもと創業前の1970年に開校されました。この人材育成こそが，他社が追いつけないマクドナルドの競争優位となっていると言えるでしょう。

では，日本の社会経済の変化に合わせながら，ビジネスモデルを変革し，市場を形成してきたマクドナルドについて，具体的に見ていきましょう。

マクドナルドは，1971年，銀座三越に１号店をオープンした後，５年間で全国の主要な百貨店に出店します。1977年には所得向上，モータリゼーションを背景に「ドライブスルー店舗」を誕生させます。この頃，「ファッション」だったハンバーガーは「カジュアルなフード」へと変化していきます。その後，サービス提供とクルーの業務の効率化を目指し，小型のPOSレジの開発などに取り組み，1984年には売上1000億円を達成します。1980年代には，新語・流行語大賞にも選ばれた「サンキューセット」，人気商品となる「てりやきマックバーガー」を発売します。1990年代に入り，人口減少を捉え，小型のドライブスルー店とサテライト店による出店を進める「PMO」戦略を打ち出し，1999年には最高益を達成し，2001年にマクドナルドは国内で上場をします。

しかし，2000年代に入り，直接的には関係ありませんでしたが，BSE（牛海綿状脳症）問題の影響を受け，また，低価格路線などにより，ブランドの信頼感が徐々に薄らぎ，2002年，2003年と２期連続の赤字決算となります。

これ以降，「モノ」を中心としたマーケティング戦略から，多様化する顧客ニーズに対応するため，「サービス」を中心としたビジネスモデルに転換し，価値観の根幹である「QSC&V」を重要視した「ピープルビジネス」を推進します。それにより，「QSC」を高いレベルで提供し，顧客満足を得るため，ハンバーガー大学での指導内容を抜本的に見直すなど，変革のドライバーとなる社員に対する育成を強化していきます。

具体的には，それまで働くモチベーションの維持が難しかったマニュアル教育から，何のために，何ができるのかなど，「自らが気づき」，働くことへの積極性を身につけ，やりがいを伝える教育へ転換します。また，社員の自由裁量で顧客満足のためのサービスを行うなど，多様化する顧客ニーズに対応できるような取り組みや受講者が職場でインフルエンサーとなるようなリーダーシップ教育を実施していきます。

その後，2004年には，調理時間の短縮，クルーの負担軽減ができる「メイド・フォー・ユー」を実現し，作り置きをやめ，できたての商品提供ができるようになったことで，完成品商品の廃棄は半分以下となり，食品ロスの削減につながりました。その後も「プレミアムローストコーヒー」の開発，「デリバリーサービス」など，現場スタッフの声からビジネスチャンスを生み出し，2008年には，国内外食産業で初めて売上5000億円超を達成します。しかし，その後，東日本大震災をきっかけとして，2011年全店の売上高が対前年比でマイナスに転じ，さらに2014年，2015年の２年間で売上が一気に1300億円も減少するなどありましたが，新たな取り組みを行うことで，2016年にはマクドナルドの業績は回復しました。そして，2017年には，「食品産業もったいない大賞」の農林水産省食料産業局長賞を受賞するなど，現在でも着実に成長を続けています。

マクドナルドのビジネスモデルの特徴は，「ピープルビジネス」であり，サービスを生み出し，それらを提供する人材を丁寧に育成するところです。また，人材育成の特徴は，地域社会に目を向け，社会に貢献するような人材育成を目指し，「マクドナルドで働いてよかった」と社員が誇りを持てるような姿を目指しています。そして「従業員満足」に取り組み，社員の定着率と生産性を向上させ，多様化するニーズに対応して，顧客満足を得られるような高いサービス品質を提供できる人材を育成しているところです。

このように，マクドナルドは，創業以来，未開拓の市場を拓き，変化し続ける社会，経済環境，顧客の嗜好，ライフスタイルなどに対応できるように，ビジネスモデルを変え，戦略を実行してきました。この背景には，マクドナルドの「ピープルビジネス」という価値観に基づいた人材育成が，サービス・マーケティングの仕組みの強みとなり，他社が追いつけない競争優位となっていることが理解できるでしょう。

図表5−1 サービス・プロフィット・チェーン（部分）

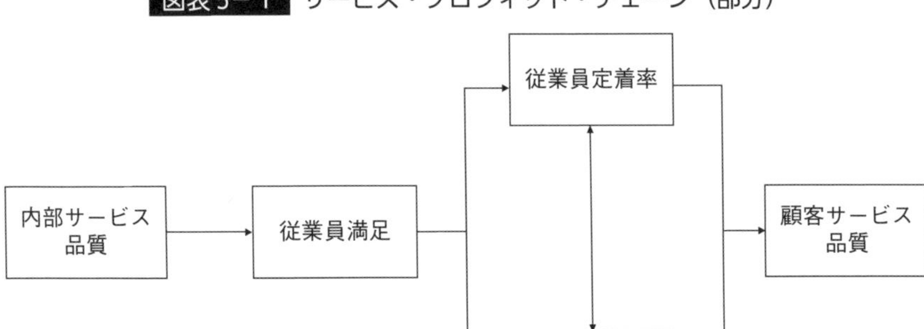

出所：J.L.ヘスケットほか「サービス・プロフィット・チェーンの実践法」（1994）『DIAMONDハーバード・ビジネス』（6-7月号，p.7）

3 コンセプト解説：7Pについて

本章の冒頭で説明した通り，サービス・マーケティングとは，サービスそのものや製品・商品に付随する機能（サービス）を顧客に対して販売し，顧客満足を与えるための仕組みのことであり，また，サービス（価値）は，私たち「人」の直接的な行為により生み出され，支えられています。

1960年代のアメリカでは，マーケティング・ミックス（4P）がすでに広く浸透していましたが，1970年代になり，サービス産業が増加したことで，サービスにも対応できるフレームワークが求められ，フィリップ・コトラー（Philip Kotler）が，サービス・マーケティングを提唱しました。サービス・

マーケティングの特徴の１つが，第４章で学んだマーケティング戦略の製品戦略，価格戦略，流通戦略，販売促進戦略の４Ｐにさらに，物的証拠（Physical Evidence），プロセス（Process），人（People）の３つのＰを加えた7Pで構成されているという点です。

では，具体的にサービス・マーケティングの7Pを学びましょう。第４章で，4Pについてはすでに学んでいるので，ここでは，サービス・マーケティングの特徴である3Pについて説明します。

(1) 物的証拠（Physical Evidence）

物的証拠とは，サービスの提供に関係するすべての物理的な物を言い，無形財，つまり形のないサービスを補うためのものです。例えば，レストランの雰囲気を特徴づける建物や景観，サービスの説明内容が書かれているパンフレットなどが無形財にあたります。この物的要素の重要性は，顧客にとっては，サービスの経験の一部となり，また，サービスを提供する側にとっては，サービスの質を顧客に示すコミュニケーションの１つになります。また，サービスを実際に経験してみなければその効果はわかりませんが，物的証拠は，サービスの内容を示す「手がかり」としての役割も持っています。そのため，物的証拠は，サービス・マーケティングにおいて，重要な顧客訴求の方法にもなっているのです。例えば，ディズニーランドの写真を思い出してください。写真の中のきらびやかな色彩の建物や乗り物，かわいい衣装を着たマスコットなどを見るだけで，その楽しさが伝わり，行ってみたいと思うかもしれません。このきらびやかな色彩の建物やかわいい衣装，そして，それらを映した写真が物的証拠になります。

(2) プロセス（Process）

プロセスとは，仕事のやり方を示します。つまり，サービスを提供する側にとっては，顧客にサービスを提供する様々な方法のことであり，顧客にとっては，実際に経験するサービスの工程のことです。このプロセスは，標準化されたものと，顧客の要求に個別に対応するカスタマイズできるものと２つあります。標準化されたものであれば，チェーンストアのように顧客に均質に対応し，品質の安定性とスピードを重要視したサービスを提供するでしょう。しかし，チェーンストアでも，マクドナルドのサービスでは，スタッフ自らが顧客ニーズを把握し，自ら判断して適切なサービスを提供することがあるでしょう。これが，カスタマイズされたサービスと言えるでしょう。

⑶ 人（People）

人は，サービス・マーケティングでは，最も重要な要素です。サービスは，人が人に提供するものが最も一般的であり，また，提供したサービスで顧客を深く感動させることができるのも人だからです。サービス企業の課題は，質の良いサービスを提供できる人材をいかに雇用し，成長させ，満足させる仕組みを作るか，また，そういった人材をどれだけ多く育成できるかにあります。人材の充実こそが，顧客により大きなサービス価値を提供することにつながり，結果として，顧客ロイヤリティを高め，それが収益の向上，ブランド価値へとつながっていくのです。例えば，スターバックスを思い出してもらえればわかるでしょう。スタッフは，ドリンクを入れる技術を備えており，スタッフ同士が連携し，丁寧なコミュニケーションをとりながら，サービスを提供しています。また，顧客に対しても丁寧な接客を行っています。こういった気持ちが良いサービスができる人材を多く育成することが，サー

図表5－2 マーケティングの7P（部分）

物的証拠	プロセス	人
・物の配置 ・素材 ・形・ライン ・照明 ・色 ・温度 ・雑音	・方針と手順 ・生産・納品スケジュール ・教育・報奨制度	・サービス提供者 ・サービスを受ける顧客 ・その他のスタッフと顧客

出所：フィリップ・コトラー，トーマス・ヘイズ，ポール・ブルーム著，平林祥訳（2002）『コトラーのプロフェッショナル・サービス・マーケティング』p.8

ビス・マーケティングを支え，ブランド価値へとつながるのです。

さて，これまでサービス・マーケティングの7Pのうちの3Pを説明しました。このフレームワークは，サービスを提供する側が，目標を達成するために7Pの何を強化すれば最大の効果が得られるかを考えるためのものです。しかし，その強化すべき順番などは決まっておらず，各企業それぞれが，自社を分析し，独自に組み合わせて強化することが必要なのです。

4　コンセプト解説：サービスの特性について

サービス・マーケティングのもう1つの特徴に，無形性（intangibility），不可分性（Inseparability），変動性（Variability），消滅性（perishability）の4つの特性があります。これらは，「サービス」の特徴であり，「モノ」との違いであると言えるでしょう。例えば，「モノ」と「サービス」の違いに関して言えば，サービスについては顧客満足の基準も異なり，サービスを提供しているそのプロセスに顧客も参加することが明らかな違いです。また，製品であれば，あらかじめ製品を目で見て，手で触れるなどして，確認することができます。しかし，サービスの場合は，生産と消費が同時に行われるため，製品と同じようにはできません。また，サービスの提供プロセスに顧客が参加するということは，サービスの提供プロセスのすべてを顧客が目の当たりにするということです。すなわち，サービスを提供する側は，サービスの質を伝える一貫したメッセージを送り続けなければならないのです。では，これから，サービスの4つの特性について説明しましょう。

(1)　無形性（intangibility）

無形性とは，サービスはモノのように形がないので，購入前に見たり，触れたりして，サービスを受けた後の効果を確認することができないことを言います。そのため，顧客はサービスの品質の「手がかり」を得るため，品質を確認できる証拠を求め，価格やパンフレットなど，目に見えるものを頼りにその品質を判断しようとします。そこで，サービスを提供する側は，サービスという「見えないものを見えるようにする」ために，サービスを証明するものをやりくりして揃えることが課題となり，顧客がサービスをイメージできるように可視化する必要性が求められるのです。例えば，スポーツクラブが，顧客募集のため，トレーニング前と一定期間のトレーニング後の姿を比較している動画やテレビコマーシャルを見たことがあるでしょう。まさしく，そのスポーツクラブは，今まだ経験していないトレーニング後の成果を可視化することで，視聴している人が成果をイメージしやすいようにし，自分たちのトレーニングの有効性を顧客へ訴求しているのです。

⑵ 不可分性（Inseparability）

サービスでは一般的に，生産と消費が同時に行われます。サービスを行うときは，サービスを提供する側と顧客を切り離すことはできず，サービスを提供する側自身もサービスの一部となります。また，サービスが提供される場には必ず顧客も一緒にいるため，その相互関係がサービス・マーケティングの特徴であり重要な部分です。これを不可分性と言います。また，サービスを提供する側個人の外見や態度といった特性が，顧客にとっては，サービスの質を判断する材料にもなるため，長期でサービスの提供をする場合，サービスを提供する側は，品質やサービスを高め，消費者との信頼関係を築く必要性が生じるのです。例えば，ファーストフードで商品を購入する際のスタッフの対応が良い例でしょう。商品をオーダーし，購入が完了するまでの間，スタッフと顧客は切り離すことができません。また，スタッフが，笑顔でスピーディに提供を行うなどの良いサービスを行うことにより，顧客に良い第一印象を与え，さらなる顧客獲得へとつながるでしょう。

⑶ 変動性（Variability）

サービスは，誰が，いつ，どこで提供するかに大きく依存するため，非常に変動性が高いと言えます。つまり，サービスの提供者自身やその提供者の状態により差が出てしまい，サービスの差が出ないよう常に同じ品質でサービスを提供し続けることは難しいのです。また，サービスを提供する側が，どんなにプロフェッショナルであってもミスや間違いは起こりえます。そこで，サービスを提供する側は，それらの発生を未然に防ぐ策を講じることが求められるのです。例えば，マニュアルの整備や業務の流れの定型化などが，サービスの質の変動性を未然に防止する策と言えるでしょう。それが仕組みとなれば，誰もが同じ質のサービスを提供できるようになり，顧客満足につながります。ファミリーレストランのスタッフのサービスをイメージしていただければ理解できるでしょう。顧客満足を得るために，お客様の来店時から，オーダーを受け，料理を提供し，退店するまでのすべてにマニュアルがあり，そのマニュアルに基づいて，サービスを提供しているのです。

⑷ 消滅性（perishability）

サービスはいったん取っておいたり，蓄えたり，あとで販売したり，使用したりすることはできません。これを消滅性と言います。サービスの提供者が販売しているのは，サービスを提供する1回1回の「行為」なのです。安定した品質のサービスを提供するには，需要が安定していれば，サービスの消滅性は問題になりませんが，需要が変動的であると問題が生じるのです。例えば，コンサートやライブが事例として当てはまるでしょう。コンサートやライブは，その日限りのものであり，チケットは持ち越すことができません。売れ残ってしまうと販売することも，また使用することもできません。これにより，そのサービスが，その時点で消滅しているということがわかるでしょう。

これまで，サービスの4つの特性について学んできました。「モノ」と「サービス」の違いは理解できたでしょうか。さらに言えば，顧客はサービスを受けながら，そのサービスの質を評価することができるということです。これらのことが，モノとサービスの違いと言えるでしょう。

5 コンセプト解説：サービス・エンカウンター（真実の瞬間）

サービス・エンカウンターの重要性を表わした言葉として，「真実の瞬間」という言葉があります。この言葉は，もともと，スペインの闘牛で，闘牛士が牛の背から心臓へ剣を突き刺してトドメを刺す瞬間を意味する言葉で，顧客が企業のサービスに接し，その品質を評価するその時，その場面を指します。この言葉の事例として，よく登場するのが，1980年代初めに，赤字経営だったスカンジナビア航空を1年で経営回復させた伝説的な人物，ヤン・カールソンの言葉です。スカンジナビア航空の改革案の柱の1つが，顧客接点を改善して「真実の瞬間」の内容を充実することだったのです。

このサービス・エンカウンターとは，顧客が提供される具体的なサービスに接する場面，つまり，顧客がサービスと出会う（エンカウンター）場のことです。顧客は，その場面でサービスを消費し，サービスの内容に決定的な印象を抱き，そのサービスの個人的評価を行います。そして，そのサービスに対する満足感は，そこで決まってしまう可能性があるのです。このことからも，「真実の瞬間」がなぜ重要か理解できるでしょう。

さて，サービスを提供する側が，質の高い「真実の瞬間」を提供するには必要な条件がいくつかあります。1つ目は，顧客に接する社員をはじめ，社内全体の高いモチベーションであり，2つ目が，自分たちが提供するサービスの内容に関連した高度な知識と高い技能。3つ目は，顧客や社内の同僚などの対人関係について，高い感受性と速やかに状況を理解する力。そして，最後に4つ目が，権限を委譲し，現場スタッフに現場での処理を任せることができる組織としての体制と企業文化などが挙げられます。また，このような条件をどのようにして実現するかが，サービス・マネジメントの課題でもあると言えるのです。例えば，エンターテインメント施設でのスタッフの対応を思い出すと理解できるでしょう。顧客と関わる接点を大事にし，顧客が

写真5－1 「真実の瞬間」

写真提供：ピクスタ
Violin/PIXTA（ピクスタ）

「楽しい」と思える「瞬間」を少しでも多く，常にいつでも提供できるよう努力をしています。それは，「真実の瞬間」を提供していると言えるのではないでしょうか。

6　おわりに

ここまで，サービス・マーケティングについて学んできました。本章の冒頭で，サービス・マーケティングとは，サービスそのものや製品・商品に付随する機能（サービス）の価値を顧客に提供し，顧客満足を与えるための仕組みであり，サービス（価値）は，人の直接的な行為で生み出され，支えられていると説明しました。また，サービス・マーケティングは，マーケティング戦略の4Pに3P（物的証拠，プロセス，人）を加えた7Pで構成されており，サービスには4つの特性（無形性，不可分性，変動性，消滅性）があるという2つの特徴が，モノとサービスのマーケティングの違いであると理解できたでしょう。

さて，近年，サービスのあり方が変化しています。SNSや新しい技術などの活用により，人ではなくロボットによるサービスやオンラインなどで，多数の人に同時に同じサービスを提供できるようになりました。このような新たな変化により，人によるサービスが無くなっていくのでしょうか。これらの技術の発展は，提供するサービスの多様性を生み，サービスを受ける人の選択肢を広げ，サービスを提供する側や顧客の双方により満足が得られるようになり，市場に新たな機会を提供していると言えるのではないでしょうか。

◆主要参考文献

- 伊藤宗彦・髙室裕史（編著）（2010）『1からのサービス経営』碩学舎。
- Kotler, P. and K. L. Keller（2006）*Marketing Management, 12nd Edition*, Pearson Education Inc.（恩蔵直人監修，月谷真紀訳『コトラー＆ケラーのマーケティング・マネジメント〔第12版〕』丸善出版，2008年）
- Kotler, P., Thomas Hayes, and Paul N. Bloom（2006）*Marketing Professional Servises, 2nd Edition*, Pearson Education Inc.（白井義男監修，平林祥訳『コトラーのプロフェッショナル・サービス・マーケティング』株式会社ピアソン・エデュケーション，2002年）

さらに学習したい人のために

- 近藤隆雄（2010）『サービス・マーケティング〔第2版〕』生産性出版。

サービスの経営についての一般的な理論や方法がやさしくまとめられていて，サービスについて，より具体的なことが学べます。

- 日本マクドナルド株式会社（2022）『日本マクドナルド「挑戦と変革」の経営』東洋経済新報社。

1971年に日本に上陸して以来約50年間における日本マクドナルド社のこれまでのビジネスモデルの変容，マーケティングの変遷，経営の考え方などが学べます。

- ヤン・カールソン著，堤猶二訳（1990）『真実の瞬間―SASのサービス戦略はなぜ成功したか―』ダイヤモンド社。

ヤン・カールソンが実際に経営トップとして手腕を振るったSAS（スカンジナビア航空）の改革の逸話において，良いサービスを提供するために解決した様々なことが具体的に書かれています。

◆コラム◆ サービス・マーケティングと人材育成

マーケティングに求められるスキルと言えば，専門的な知識に基づいた「企画力」，「構想力」，「論理性」などを思いつく人が多いのではないでしょうか。では，サービス・マーケティングについて言えば，どうでしょうか。サービスの内容などに意識が行きがちかもしれません。また，サービスを提供する人材の育成が重要であることはわかっていても現場に即した具体的な内容を定義することはなかなか難しいでしょう。

また，近年，業界を問わず，人材育成の重要性が言われています。各企業もマクドナルドのような優れた仕組み作りができるように努力を重ね，試行錯誤しながら人材育成に励んでいます。

では，本章の事例で紹介したマクドナルドの人材育成の何が優れているのでしょうか。簡単に言うと，社員が「働くことで成長を感じられる」という言葉に尽きるでしょう。その言葉の通り，教育，研修とそれらを実践する日常活動で，リーダーシップ力を醸成し，「自ら気づく」自立した人材へと，社員の成長を導いているのです。

ここで，マクドナルドの教育について少し説明しましょう。マクドナルドでは，多様なスタッフに応じて，異なるトレーニングを実施し，日常業務でそれらを実践することで，ビジネスパーソンとして必要な知識やスキルを習得することができる教育内容が設計されています。また，カリキュラムは役割ごとに，それぞれ段階別に組まれており，キャリアビジョンが各自で描きやすくなっています。そして，最新の教育理論や手法を用いた生涯にわたって活かせるスキルを体験型の実践的なアクティブラーニングや動画などを取り入れ，楽しみながら習得できるようになっています。さらに，研修を行うスタッフは，マクドナルドで豊富な経験をもつベテラン社員や企業教育で経験や実績をもった多様性のある人材で構成されています。これらの仕組みにより，自分の頭で考え，何が求められているのか「自然に気づく」人材へと成長するのです。それらを教育機関であるハンバーガー大学において安定的に行い，「オール・ジャパン・クルー・コンテスト」を実施し，スキルの向上と定着を図っています。マクドナルドの最も優れている点は，これらを仕組み化していること，そして，着目すべきは，顧客対応を直接に行うクルー（アルバイト）を含めた社員全員を研修対象者にしているところです。

マクドナルドを通して，サービス・マーケティングにおいて，Pの1つである「人」，つまり，人材育成が重要であると改めて理解できるでしょう。

さて，大学生活に目を向けると，大学時代は社会へ出る準備期間であり，自立した社会人に自分自身を成長させる期間かもしれません。自らを自立した社会人に成長させ，社会に出て働くためには，実践的な準備の場が必要でしょう。その1つの場として，実践的な教育を身につけるPBL（Project Based Learning）があります。PBLとは，企業からテーマや課題を受け，学生がチームを組んで調査を行い，議論し，課題を企画・立案し，課題解決に向けて企業に対して提案します。このPBLを通して，一緒に学ぶ仲間との共同作業の楽しさ，議論の取りまとめの難しさ，スケジュール管理などの必要性が理解でき，また，企画力や構想力，論理性などだけでなく，チームビルディングやリーダーシップ力の醸成など，どんな社会に出たときにも必要とされるスキルが，課題解決を通して身につけることができるでしょう。それらは，大学生活での一皮むけた経験の1つになり，社会に出てからの将来に向かって，長く役に立つことでしょう。

第6章
デジタルビジネス

1　はじめに

皆さんはメタバースを体験したことはありますか。今，アバターに扮して交流を楽しむことができる3D仮想空間サービス「メタバース」が注目されています。ゲームが好きな人であれば『あつまれ　どうぶつの森』やバトルロイヤルゲーム『フォートナイト』をイメージするとよいかもしれません。

メタバースは未来のSNSとも言われているインターネットサービスで，2021年に当時のFacebookが社名を「Meta Platforms（通称：Meta）」に変更したことでも話題になりました。総務省が毎年刊行している情報通信白書では令和4年版にはじめて“メタバース”の記述が登場するなど2022年はメタバース元年とも言われ，産業界からも注目されています。

この章では話題のメタバースを取り上げて，ゲームの世界でなじみのある技術がどのように社会やビジネスの世界で活用されているのかを学びます。

2　メタバースを活用したビジネス展開

(1)　メタバースとは

冒頭でメタバースを『あつまれ　どうぶつの森』や『フォートナイト』に喩えて紹介しましたが，メタバースはゲームだけを指すわけではありません。メタバースは今のところ明確な定義はなく，専門家らによって広義，狭義の解釈がなされています。例えば，一般社団法人Metaverse Japanではメタバースを「インターネット上の仮想現実空間を利用し，ユーザー同士のコミュニケーションや現実さながらのライフスタイルを送ることができる世界」と紹介しています。また，『The METAVERSE』の著者であるマシュー・

ボール（Matthew Ball）はその著書の中で，仮想世界，3D，リアルタイムレンダリング，相互運用可能なネットワーク，大規模，永続性，同期性，個人プレゼンスの観点からメタバースの特徴について言及しています。そのほかにもアバターや経済活動，没入感，VR技術などに着目した解釈も見られ，メタバースについては技術的側面とサービス的側面の両面からその可能性について活発に議論されている状況にあります。本章ではメタバースをインターネット上に創られた仮想空間と広義に捉え，大いなる可能性を秘めたメタバースについて広くその活用方法を見ていくことにします。

⑵ メタバースが注目される背景

日本の企業は人口構造の変化，デジタル技術の急速な発展と浸透，価値観の多様化，ライフスタイルの変化などビジネスを取り巻く環境の変化に対応すべき変革，いわゆるDX（デジタル・トランスフォーメーション）の実現が求められています。メタバースはDXの具体的手段の1つとして期待され，令和4年版情報通信白書によれば「メタバースの世界市場は2021年に4兆2,640億円だったものが2030年には78兆8,705億円まで拡大すると予想されている」とメタバース市場への期待がうかがえます。DXにおけるメタバース活用については第2節で紹介することにします。

また近年，消費行動はモノ消費からコト消費へと変化し，ビジネスの世界では新しい体験を提供し顧客体験価値を高めること，いわゆるCX（カスタマー・エクスペリエンス）の実現も求められています。メタバースは現実世界では体験することができない新しい体験を提供する新たな顧客接点として期待されています。すでにエンターテインメント業界をはじめ，アパレルや百貨店などの小売業界，教育，観光，医療，土木など様々な業界でメタバースを活用する試みが始まっています。ここでは顧客体験価値を高める方策としてメタバースを活用している事例を紹介します。

⑶ 事例

① エンターテインメント（交流・ゲーム・創作）

近年はMinecraft，ZEPETO，Roblox，VRChat，clusterなどメタバースを

楽しめるサービスが続々登場し，若者を中心に人気を博しています。ゲーム開発会社のEpic Gamesは，『フォートナイト』を活用してシンガー・ソングライターの米津玄師のバーチャルコンサートを開催し大きな話題となりました。『フォートナイト』はもともとMMORPGと呼ばれる対戦型戦闘ゲームですが，交流を楽しむパーティーロイヤルモードや仲間と一緒にゲーム作りを楽しむクリエイティブモードを設けるなどゲーム領域を超えたSNSのようなサービスへと拡張しています。

② 小売（Eコマース）

百貨店の伊勢丹は，スマートフォン向け仮想都市空間プラットフォーム「REV WORLDS」を活用して新宿を舞台とする仮想空間にバーチャル百貨店「仮想伊勢丹新宿店」を展開しています。利用者はアバターに扮して店内を見て回り，商品を購入することができます。アバターとお揃いのファッションを楽しむことができるなど，新たな購買体験を提供する試みとして注目されています。

③ 教育

N高等学校・S高等学校では，「世界最先端のオンライン学習」と銘打ってバーチャル学習環境を構築しています。生徒はアバターで授業に参加し，3Dオブジェクトで作られた教材を用いながら学ぶことができます。同校では運動会や修学旅行までもバーチャルで試みるなど通信教育の新たなカタチとして注目されています。

さらに山形県にある広重美術館では，コロナ禍の移動制限で大きな打撃を受けたことを機に凸版印刷株式会社が提供するメタバースサービス基盤「MiraVerse」を活用してバーチャル美術館を構築しました。withコロナ時代の美術館のあり方として世界中どこからでもアクセスできるバーチャル美術館に期待が寄せられています。

④ 自治体

2023年1月に韓国のソウル市は世界に先駆けて公共メタバースプラット

フォーム「メタバースソウル」のサービスを開始しました。同市のWebサイトによると，これまでソウル市役所でしか受けられなかった相談や手続きをメタバース内のアバター公務員が対応するなど，スマートシティをリードする都市を目指して，様々な公共サービスの提供が計画されています。すでにメタバースソウルのプラットフォームを直接体験できる「Metaverse Seoul」のアプリが公開され，苦情の受付，税務相談などの便利な行政サービスやソウルの名所観光などを体験することができます。

⑤ バーチャルオフィス（ビジネス）

メタバースプラットフォーム「MetaLife」を展開する株式会社ベンドによると，新型コロナウイルス感染症対策の一環として，メタバースをバーチャルオフィスとして活用する企業が増えています。コロナ禍に急増したリモートワークにおいては，「コミュニケーション不足」「孤独」「人間関係の希薄化」などのいわゆる「リモート疲れ」が問題視されました。同社が提供している2D型のメタバースは，同僚の存在を把握しやすいことからこれらの問題を解消することができると期待されています。

3 産業界が注目するメタバース「デジタルツイン」

この節では産業界も注目しているメタバースのもう１つの側面であるデジタルツインについて，日本政府が掲げている未来社会「Society 5.0」でも重要な鍵と言われているサイバー・フィジカル・システム（CPS：Cyber Physical System）と合わせて紹介します。

CPSとは，デジタル時代の新たな資源である大量のデータから新たな価値創造を生み出すための循環サイクルのことで，デジタル・データを用いて現実世界を最適化する仕組みとして期待されています。具体的には，現実世界から収集するデータを現実世界を模した仮想空間に取り込み，人工知能などの強力なコンピューティング能力を用いて解析し，導かれた最適解を再び現実世界へフィードバックする仕組みになります。このときに使用される仮想空間，つまり「仮想空間に再現した実物とそっくりなバーチャル環境」がデジタルツイン（現実と仮想の双子）です。最近では，デジタルツインをCPS

と同義で用いられる文脈も多く見られます。

メタバースもデジタルツインも仮想空間を活用する点では共通していますが，メタバースは仮想空間に夢の世界，つまり非現実性を求めるのに対して，デジタルツインでは超リアルな現実の再現が求められます。また，デジタルツインは現実世界と直接的に連動している点がメタバースと異なります。例えば，工場では生産ライン上に設置した各種センサーが取得するデータをリアルタイムにデジタルツインに送り，そのデータをデジタルツイン上で解析し，再び工場内のスタッフに情報を提示するイメージです。

デジタルツインの魅力は現実さながらの検証やシミュレーションが行えることにあります。デジタルツインを用いると従来の物理的な検証やシミュレーションに比べてリアルタイム性が高く，現実世界では実施が困難あるいは複雑な検証でも高い精度で何度でも行うことができるようになります。検証にかかる作業の効率化やコスト削減，リードタイムの縮小に加え，シミュレーションの結果をグラフィカルに可視化できる特長を生かし，現場の状況をより直感的に把握・伝達できるメリットも期待されています。

① 製造業

自動車メーカーのBMWでは仮想空間に実際の工場とそっくりなバーチャ

図表6-1 サイバー・フィジカル・システム

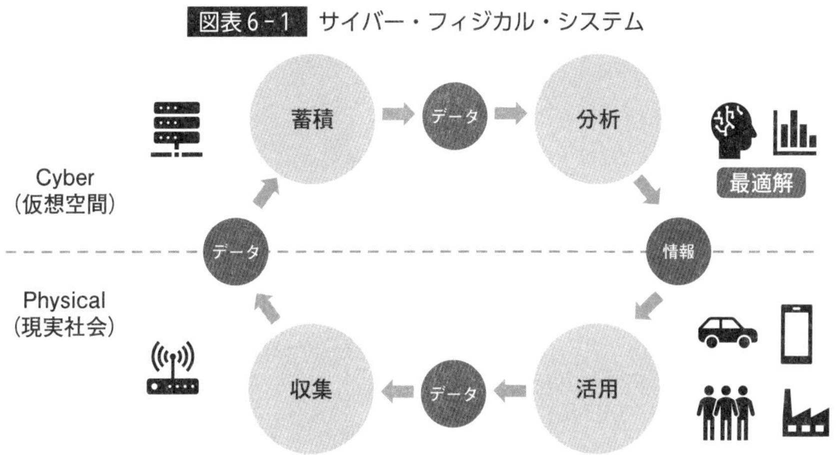

出所：「情報通信白書　令和3年版」147頁，図表1をもとに筆者加筆

図表6－2　デジタルツインとメタバースの相違点

	デジタルツイン	メタバース
目的	分析やシミュレーション	交流，経済活動
仮想空間	現実空間の忠実な再現	非現実の創造
現実社会との接点	直接的	間接的もしくはなし
主な利用者	企業や団体	企業や団体および個人

出所：筆者作成

ル工場を構築して，自動車製造の一連の作業をシミュレーションし，工場ラインの最適化に取り組んでいます。バーチャル工場の様子はYouTubeでも公開されているのでぜひ視聴してみてください。本物と見分けが付かないくらいの高いクオリティで工場内の様子を再現していることに驚かされます。この取り組みで興味深いのは労働者のデジタル化です。工場で働く労働者の身体的特徴や行動から得られたデータに基づいて作られたアバター「デジタルヒューマン」を用いて労働者の動きをシミュレーションしています。この仕組みにより人員の配置や作業手順の改善が見込めるなど，職場環境の最適化に活かされています。

②　都市開発

シンガポールでは政府が主導し，国土全体を3DCGで再現する「バーチャルシンガポール」の構築に取りかかっています。仮想空間に作られたバーチャル都市は，災害時のシミュレーションや都市開発が交通流や日照等に与える影響など，多岐にわたる調査研究に活用されるようです。

日本でも同様の取り組みは始まっています。2020年に国土交通省は，デジタルツインの促進のために，日本全国の3D都市モデルの整備・活用・オープンデータ化を進めるプロジェクト「PLATEAU（プラトー）」をスタートさせました。すでに71都市の3D都市モデルがオープンデータとして公開され，PLATEAUハッカソンと呼ばれるPLATEAUの3D都市モデルを活用したサービス開発のアイデアを競い合うイベントが各所で繰り広げられています。

このようにデジタルツインは製造業や都市開発の分野での活用が注目され

ていますが，技術の進化に伴いデータの収集や分析，可視化の精度はさらに向上し，デジタルツインはあらゆる分野において重要なツールとして拡大していくことが予想されています。デジタルツインの実現には，人工知能やセンシング技術を活用したIoT（Internet of Things），仮想化技術（Virtual Reality），ロボティクス，5Gなどの高速通信技術も重要なキーテクノロジーとなります。

4 仮想空間ブーム

(1) 大ブームを巻き起こしたSecond Life

実はメタバースは全く新しいサービスというわけではありません。古くは1986年に2Dアバターによるコミュニケーションシステム「Habitat」がパソコン通信「ニフティサーブ」のサービスとして提供されました。2007年頃には「splume」や「meet-me」などの国産メタバースも登場しはじめます。なかでも世界中で一大ブームを巻き起こしたのが2003年にアメリカのLinden Labが提供した「Second Life」でした。

Second Lifeは3DCGで作られた仮想都市で生活を楽しむコミュニケーションサービスです。ゲームのように点数を競ったりゴールを目指すわけではなく，アバターに扮して家やお店に友人を招いて会話を楽しんだり，なかには自ら作成したアバター用の洋服や小物（3Dオブジェクト）を販売する人がいたりと利用者は交流や創作活動を楽しむことができる，まさに“セカンド・ライフ”と呼ぶべき第2の居場所作りを目的とした斬新なサービスでした。

Second LifeにはSimと呼ばれる島（土地）が用意されているだけで，仮想空間上にあるものは住人（利用者）が作成するというコンセプトでした。そのため仮想空間で必要なデジタルオブジェクトの制作販売で利益を得るクリエイターも多数出現するなど，Second Lifeにはクリエイターエコノミーが形成されていました。

Second Lifeは3DCGの技術もさることながら，ビジネスモデルも斬新でした。Second Lifeは無料でも利用できるサービスでしたが，現在のオンラインゲームやSNSに見られる広告やガチャシステムのような課金による収益モデルは採用していませんでした。利用者は仮想空間内の土地を所有することで家やお店などを作ることができる仕組みでしたので，運営会社のLinden Labは仮想空間内の土地を販売したり，土地を所有しているユーザーから固定資産税と称した利用料を徴収していました。そのほかにもサービスや商品の売買時に発生する手数料も収益の一部でした。なかでも興味深いのはリンデンドルという専用の仮想通貨が使用されていたことです。リンデンドルは本物のドルにも換金することができるなど現在の暗号資産（仮想通貨）を先取りした画期的なものでした。またSecond Lifeでは服の制作を請け負うデザイナーやクラブで踊るダンサーなどの雇用も生まれていました。

当時Second Lifeに新たな市場を期待したNTTドコモやソフトバンク，日産自動車，ブックオフ，ユーキャンなどの大手企業も次々と参入し，仮想店舗を使ったプロモーション活動が行われました。このようにSecond Lifeには実社会を彷彿させるコミュニティが構築されていたことに驚かされます。

Second Lifeは3D仮想空間というインターネットの新たな可能性を切り開く一方で，仮想社会のあり方にいくつもの課題を残しました。当時は通信回線もパソコンの性能も貧弱で，誰もが快適に利用できる状況でなかったこともあり，Second Lifeの人気は次第に下火になっていきました。

⑵　再び脚光を浴びる仮想空間「メタバース」

Second Lifeが巻き起こした仮想空間ブームから約15年が経とうとしていますが，再び仮想空間が脚光を浴びている理由はどこにあるのでしょうか。

『メタバース進化論』の著者であるバーチャル美少女ねむ氏は著書の中でメタバースに注目が集まっている要因として，「VRデバイスの低価格化」，「新型コロナウイルス感染症による安全なコミュニケーションへの社会的な期待」，「Facebookの社名変更を含む報動発表」の３つを挙げています。また2021年７月に経済産業省が公表した「仮想空間の今後の可能性と諸課題に関する調査分析事業」の報告書でも，「新型コロナウイルス感染拡大により巣ごもり需要が急増するとともに，仮想空間の利用が浸透しつつある」とコロナ禍の影響を挙げています。

さらには，DXやCXの潮流や通信回線の高速化と大容量化，パソコン機器における処理能力の飛躍的な向上，高性能なスマートフォンの普及など誰もが容易に仮想空間にアクセスすることができる環境が整ってきたことも大きな要因と考えられます。また推測に過ぎませんがZoomやSNSなどのリモートコミュニケーションが浸透し，文字や動画によるコミュニケーションに慣れ親しんだネットユーザーがさらに刺激的で活発な表現ができる場をメタバースに求めているのかもしれません。

昨今のメタバースに対する盛り上がりは，15年前の仮想空間ブームと似た様相を感じます。Second Lifeとメタバースの共通点，あるいは差異は何なのか。Second Lifeの試みはメタバースの将来を見据える上で大いに参考になるでしょう。

5　夜明け前のメタバース

(1)　不便だったインターネット

近年，多数のメタバースプラットフォーマーが出現し，書店にはメタバース関連の書籍が多数並びはじめました。アメリカの社会学者エベレット・ロジャーズ（Everret M. Rogers）が唱えたイノベーター理論でいえば，メタバースは「アーリーアダプター」と呼ばれる少数の熱心な利用者によって活用されている段階から，普及率が一挙に増進するとされる「アーリーマジョリティ」の段階に向かって急速に進んでいると考えられます。生まれながらにインターネットが身近にあったZ世代の方には想像もつかないかもしれませんが，インターネットにも似たような普及の段階がありました。最後にメタバースの未来を見据えるにあたり，インターネットの黎明期について紹介しておきたいと思います。

1984年，慶応義塾大学の村井純先生らによって進められたJUNET（Japan University NETwork）が日本のインターネットの礎といわれています。村井純先生らによるインターネット構築の取り組みは，『ニッポンの挑戦　インターネットの夜明け』（書籍・DVD）に詳細に描かれています。このドキュメンタリー動画の中で，東京大学名誉教授の石田晴久先生はアメリカで電子メールを利用している同僚の姿を見て，「隣に座っている友人に電子メールで食事を誘っている様子に驚いた」と述べているのが印象的です。石田先生が電子メールに感じたインパクトは，私が個性あふれるアバターに扮し，見知らぬ仲間と時間を共有し楽しんでいるメタバースユーザーに感興をそそられていることに似ているのかもしれません。

1995年にMicrosoftが発売したオペレーションシステムWindows 95が契機となり，インターネットは一般家庭に普及し始めました。当時はWi-Fiなどの無線通信環境が存在しなかったため，自宅でインターネットを利用する際はまず自宅にある固定電話機からモジュラーケーブル（電話線）を抜き取り，パソコンに接続したモデムと呼ばれる装置にモジュラーケーブルをつなぐ必要がありました。このような電話回線を用いたインターネット接続方法を「ダイヤルアップ接続」と呼び，当時は当たり前の接続方法でした。通信速度はとても遅く，一枚の画像を表示するにも数十秒時間を要するような粗悪な環境でした。インターネットを利用している時間は電話料金がかかる従量課金型の支払い方法が一般的であったため，インターネット終了時に通信回線の切断を忘れると後で多額の電話料金が請求されるなどのトラブルも度々生じていました。

また，当時は検索サイトが充実していなかったため，「インターネットイエローブック」と呼ばれるURLの一覧が記載された電話帳のような冊子をめくりながらお目当てのサイトを探さなければいけませんでした。インターネットが話題になりはじめた当時，インターネットで何ができるのかも理解せず，興味本位で大阪ビジネスパーク内に開設されたインターネットカフェに出向き，１時間1,000円の料金を支払いイエローブックを頼りにネットサーフィン（目的もなく興味の赴くままにWebサイトを見て回ること）を楽しんだことを思い出します。このように黎明期におけるインターネットは，一般の利用者にとって何に利用できる技術なのかよくわからない，便利とは言いがたいサービスでした。

6　おわりに

本章で取り上げたメタバースの事例は，いずれも現時点における最先端の取り組みであり，TwitterやLINEのように老若男女誰もが知っているメタバースのサービスは今のところまだ登場していません。企業においてもメタバースやデジタルツインへの期待は高まっているものの，どのように活用するのか企図している段階でしょう。特に一過性に終わった15年前の仮想空間ブームの前例もあることから，現在のメタバースブームについては懐疑的な意見も見られます。インターネットの黎明期にスマートフォンの出現や現在のインターネットの姿を予想できなかったように，メタバースが未来にもたらすインパクトはまだ誰も想像できていないのかもしれません。しかしながら，人間の英知がデジタル技術を進化させ，インターネットを生活やビジネスに欠かすことができない社会インフラへと築き上げてきたように，メタバースもゲームや憩いの場で終わらせず，経済やコミュニケーションの新たな社会基盤となりうる可能性を秘めていることに着目しておかなければなりません。

人工知能をはじめ，高精細グラフィック，超高速ネットワーク，ブロックチェーン，仮想技術，非代替性トークン（NFT）などメタバースを取り巻く技術は急速に成長しています。デジタル技術の活用を考えるときには，現状の性能や常識に囚われることなく，常に未来志向で向き合う姿勢が大切です。これからデジタルビジネスを学ぶ皆さんがワクワクするようなアイデアを創造してくれることを期待して，最後に『The METAVERSE』の一文を紹介して本章を閉じることにします。

"This leads us to one of the most exciting aspexts of the Metaverse: how poorly understand it is today."

「メタバースが持つきわめておもしろい特徴のひとつは，現在メタバースがどういうものか誰もわかっていないといえることである。」

by Matthew Ball

◆主要参考文献

- 国土交通省BIM/CIMポータルサイト　http://www.nilim.go.jp/lab/qbg/bimcim/training/pdf/2/2.3.5.pdf,（参照　2022-10-3）
- 総務省情報通信白書　https://www.soumu.go.jp/johotsusintokei/whitepaper/index.html,（参照　2022-10-3）
- 西田宗千佳（2022）『メタバース×ビジネス革命―物質と時間から解放された世界での生

存戦略』SBクリエイティブ。
- バーチャル美少女ねむ（2022）『メタバース進化論』技術評論社。
- Matthew Ball（2022）*The Metaverse: And How It Will Revolutionize Everything.*（井口耕二訳『ザ・メタバース―世界を創り変えしもの』飛鳥新社，2022年）

さらに学習したい人のために

- 加藤直人（2022）『メタバース：さよならアトムの時代』集英社。

国産メタバースプラットフォーム「cluster」の創業者である著者がバーチャルリアリティの歴史や未来像を解説したメタバースの入門書として最適な一冊です。

- 小宮昌人（2022）『メタ産業革命』日経BP。

製造業，建設業，モビリティ，小売・サービス，医療など様々な業界におけるメタバースとデジタルツインのビジネスへの応用事例を数多く取り上げている一冊です。

- Jeremy Bailenson（2018）*Experience on Demand: What Virtual Reality Is, How It Works, and What It Can Do.*（倉田幸信訳『VRは脳をどう変えるか？：仮想現実の心理学』文藝春秋，2018年）

バーチャルリアリティ研究の第一人者である著者が様々なVR活用事例を取り上げて，心理学の側面からバーチャルリアリティの将来性と危険性に言及した一冊です。

◆コラム◆ XR（クロスリアリティ）

日本でインターネットが普及しはじめてから約30年。インターネットは電子メールや静的なWebサイトが主流であったWeb1.0からブログやSNSなどで自由に情報を発信することができるようになったWeb2.0へと変遷を遂げてきました。また文字情報のメールやTwitter，画像情報のInstagram，動画情報のYouTubeやTikTokなど時代を代表するこれらのサービスの人気をたどると通信環境やデバイス性能の向上に合わせてメディアの主役が文字から画像へ，画像から動画へ変わってきたことがわかります。

そして現在，次世代のインターネット像として巷を賑わせているWeb3.0で注目される技術が3DCGの表現技法となるXR（クロスリアリティ）です。

XRとは現実世界と仮想空間を融合し，これまでに体験したことのない新たな世界感を3DCGで映し出してくれる画像処理技術の総称です。XRは現実世界と仮想空間の交わり方の違いにより「AR（拡張現実）」「VR（仮想現実）」「MR（複合現実）」等に分類されることもあります。ちなみにメタバースが「仮想空間」を指すのに対し，XRは仮想空間を体験するための技術または手段にあたります。

図表6－3 XR（クロスリアリティ）

AR（Augmented Reality）	拡張現実：現実世界が主体 目の前にある現実世界にコンピューターで作られた映像や画像を重ね合わせ，現実世界を拡張する技術
VR（Virtual Reality）	仮想現実：すべてが仮想空間 現実にない世界又は体験し難い状況をCGによって仮想空間上に作り出す技術
MR（Mixed Reality）	複合現実：現実世界と仮想空間が融合 現実世界の3次元形状を認識し，現実世界と仮想空間を融合する技術
DR（Diminished Reality）	減損現実 視界にあるものを取り除く技術

出所：国土交通省BIM/CIMポータルサイトをもとに筆者加筆
（http://www.nilim.go.jp/lab/qbg/bimcim/training/pdf/2/2.3.5.pdf）

近年VRを体験するデバイスとしてVRゴーグルが普及しつつあります。VRゴーグルはスキーをするときに装着するゴーグルに似た形状の投影デバイスで仮想空間における臨場感や没入感を高めるものとして利用されています。VRゴーグルはVR

ヘッドセットやHMD（Head Mounted Display）とも呼ばれています。このデバイスを装着すると目の前に壮大な仮想空間が広がります。頭の動きに連動して見える景色も移動するのであたかもその場にいるかのような錯覚に陥るほどの没入感を感じることができます。

現在市販されている一般的なVRゴーグルは500g前後の重さがあり，長時間装着するには不向きなデバイスですが，今後の技術改良によりサングラスのように軽量で手軽に装着できるデバイスが登場すると考えられています。さらに将来的にはMojo Vision等が研究開発を進めているコンタクトレンズタイプのデバイスも登場するのではないかと期待されています。

さらに臨場感を高める技術としてモーションキャプチャがあります。この技術を用いると顔の表情や体の動きをアバターに連動させることができます。自身の体がアバターを動かすコントローラーになることでこれまでの煩わしいボタン操作から解放され，より自然で豊かな表現ができるようになります。美容や健康，教育など体を使ったアクティビティでの活用が期待されています。また手の動きに関しては，ハプティクスグローブと呼ばれるハプティクス技術（触覚技術）を採用したグローブ型のデバイスも注目されています。このグローブを装着すると仮想空間内のモノをつかんだり，動かしたり，さらには感触や振動も感じることができるようになります。最近では全身で振動を感じることができるハプティクススーツも登場しており，仮想空間内での臨場感はますます高まっていくことでしょう。

第7章
データサイエンス

1　はじめに

データは我々の生活の中にたくさん存在しています。例えば，あなたのノートパソコンの中，大学の先生のパソコンの中，インターネット上の様々なWebページ，SNSで見る写真や動画などがあります。これらは至るところに散らばっているために，その価値を理解できないまま暮らしていますが，このような情報は，それぞれのPCに記憶され，記憶媒体が動作する限りは保持されるようになり，データがアプリやクラウドを介し世界中を飛び交っています。近年では，パソコンやタブレットさえあれば，すぐにデータ分析を行うことが可能になったこともあり，企業の商品に関する研究開発から調達，生産，販売からマーケティングまで，経営学のすべてに活用されるようになってきました。このようなデータを分析する方法はデータサイエンスと呼ばれ，DX（デジタルトランス・フォーメーション）という用語とともにデータの重要性が強調されています。この章では，具体的な事例を通してデータサイエンスに関する取り組みを紹介します。

2　データサイエンスを利用したマーケティング戦略

Netflixはアメリカのカリフォルニア州に本社を置く企業です。巨大なエンタメ企業として皆さんもご存じと思います。Webサイトのログイン画面を図表7-1に示します。もともとはWebサイトによるDVDレンタルサービスを世界で初めて行った企業でした。1998年当時に扱っていた作品数は925タイトルで，1週間レンタルにつき4ドル，送料・手数料として2ドル（追加でレンタルする場合はさらに1ドル）を支払う仕組みになっていました。

図表7－1　Netflixのログイン画面

出所：https://www.netflix.com/jp/（2022-12-10）

1999年になり，定額制のレンタルサービスを開始しました。月額15ドルでDVDを本数制限なしにレンタルできるサービスで，延滞料金，送料・手数料がすべて無料で利用できました。2000年に会員の評価に基づき，各会員にお勧めの作品を提示する「レコメンド」を導入しました。これは日本語に訳すと「おすすめ・推薦」といった意味です。各会員のWeb上における購入履歴や閲覧履歴などのデータを記録しており，このデータを分析し，おすすめのアイテムやコンテンツを表示するものです。デジタル・マーケティングにおけるレコメンドの目的は，顧客の購買行動におけるCX（カスタマー・エクスペリエンス）を向上し，購入単価や顧客単価を上げることです。商品を売りたい場合，広告などを打ち出してお客さんを集める必要がありますが，どれだけお客さんが集まっても，購買意欲がなければ購入には結びつきません。レコメンドではお客さんの閲覧履歴や購入履歴などのデータや商品の属性を通じて，購入の可能性が高い商品をダイレクトにおすすめします。こうしてお客さんの購買意欲を高め，購入単価や顧客単価のアップを図ります。顧客側からすると，自分で探さなくても勧められるレコメンド商品やコンテンツをチェックするだけで自分のニーズにあった情報を見つけやすくなるといったメリットがあります。

2007年になると，これまでのDVDレンタルサービスからビデオ・オン・デマンド方式によるストリーミング配信サービスに移行しました。2008年から2010年にかけては，大手メーカーと提携し，ゲーム機，インターネット接続テレビ，スマートフォンやタブレットでの配信に対応していきました。2012年には，全世界の会員数が5000万人を突破し，大幅に発展しました。

現在はストリーミング配信で成功を収める一方，既存作品の配信だけでなく，オリジナル作品の製作にも乗り出しており映像コンテンツ制作会社としても地位を確立しています。レコメンド機能は，個人視聴履歴だけでなく，オリジナルのアルゴリズムを活用することで，世界各国ではユーザーの75%がレコメンド結果から視聴しているとされています。

Webサイトでレコメンドを行う場合は，レコメンドエンジンと呼ばれるシステムを利用します。閲覧履歴や購入履歴などのデータをもとにおすすめのコンテンツを紹介するシステムです。過去に購入した商品や閲覧した記事から，お客さんが興味を持ちそうな商品や記事などを提示できます。レコメンドエンジンにおける重要な仕組みがロジックです。ロジックとは条件設定のようなものであり，ロジックが変わると表示されるものも変わります。ロジックは大きく分けて４種類あります。それぞれの内容を簡単に紹介します。

①　ルールベース

ルールベースとは，流入元や累積スコアごとのセグメントによってルールを決めてコンテンツを出し分けるレコメンドの施策です。例えば，お歳暮のギフト広告から流入した人には，お歳暮ギフトのコンテンツや特集を選んでレコメンドするなどがあります。ルールベース・レコメンドは，売り手側がこのセグメントにはこの商品が売れる・売りたいという場合などに有効です。ただし，レコメンドの内容と顧客の嗜好にズレがあると，効果が出にくいというデメリットがあります。そのため，決め打ちではなくセグメントごとのABテストなどを行いながら効果的なコンテンツ表示をするのが一般的です。

② 協調フィルタリング

協調フィルタリングとは，サイト上での行動が似ているユーザーの特性をデータ分析して，興味を持ちそうな商品をおすすめ紹介するロジックです。具体的には，ユーザーAが購入した商品をユーザーBも購入しようとする場合，ユーザーAが購入した他の商品を紹介します。ユーザーにとっては思いがけない好みの商品が紹介されることも少なくありません。協調フィルタリングには，次に紹介するアイテムベースとユーザーベースがあります。

●アイテムベース

アイテムベースとは，ある商品に対して一緒に買われていることの多い商品を紹介することです。例えば，英語の参考書を購入した人が，同じ出版社の問題集も購入していることが多い傾向があるとします。そこで，参考書を購入したユーザーに対して問題集を紹介し，購入につなげるのが狙いです。

●ユーザーベース

ユーザーベースとは，購入パターンが似ている複数のユーザーの購入履歴を分析し，まだ買っていない商品をおすすめすることです。例えば，購入履歴がよく似ているユーザーAとユーザーBがいる場合，ユーザーAは購入しているがユーザーBは購入していないものを紹介します。それぞれの趣味や嗜好が似ていれば，購入につながる可能性があります。

③ コンテンツベース・フィルタリング

コンテンツベース・フィルタリングとは，商品の属性に注目して，類似する属性の商品を紹介することです。

例えば，あるブランドの服を購入するユーザーに対して，同じブランドが出す別の商品を紹介します。注目する属性は商品の色やデザイン，種類など様々なものがあります。コンテンツの属性とユーザーの好みなどが一致すると，高い購入率が期待できます。ただし，属性ごとにコンテンツを分類するのは時間がかかります。また，ユーザー側からすると商品に目新しさを感じにくいという場合もあります。

④　ハイブリッド・タイプ

上述したロジックを組み合わせた方法のことをハイブリッド・タイプと呼びます。特定の組み合わせを指すものではありません。それぞれのロジックのデメリットを解消することを目的に使用されます。例えば，お皿を購入する人は，マグカップも購入する傾向があるとしましょう。あるユーザーが過去に青色の商品をよく購入しているのであれば，お皿の購入時に青いマグカップをレコメンドします。このように，２つのロジックを組み合わせることで，顧客の購買意欲を高めることが可能です。

レコメンドエンジンの活用事例として「パッケージデザイン評価AI」があります。皆さんは，コンビニやスーパーでつい手に取ってしまう製品はありませんか？　このような製品のパッケージデザインには，AI（人工知能）が導入されているかもしれません。パッケージデザイン評価AIは，590万人の消費者調査の結果を学習データに使い，消費者がデザインをどのように評価するかをAIが予測することができます。

「パッケージデザイン評価AI」は，ビールやカップ麺など24カテゴリーを高い予測精度で評価可能です。画像をシステムにアップロードするだけで，好意度スコアやイメージ，どの部分が好意度スコアと結びつくかを１分程度で算出することができ，デザイン開発の時間やコストを大幅に削減できます。デザインを改良するたびに何度でも評価できるので，商品の売上を左右するパッケージの開発の効果検証が繰り返し可能になり，商品のヒット確率が向上するとされています。

製品のパッケージデザインにAIを活用する事例はほかにも見られ，「AIクリエーターシステム」は，インプットされた画像素材やコンセプトから多数のデザイン案を作り出す「デザイン生成システム」と，生成されたデザイン案の良し悪しを判断して点数付けする「デザイン評価システム」の２つから構成されています。デザイン生成システムは，世の中のトレンドを反映した多様なデザインデータをインプットすることで，コンセプトに応じたデザインを自動生成することができます。もう一方のデザイン評価システムは，ディープラーニングを用いて，自動生成されたデザインを評価するシステムです。AI自体が優れたデザインに共通する特徴を抽出し，点数をつけ，評価します。

この２つの構成によってトレンドを反映し，さらには固定概念にとらわれないデザインを多数提案することができます。

3　データサイエンスを利用したイノベーション

(1)　物流業界

ヤマト運輸の「宅急便」は，2021年度の宅配便取扱量は22億7562万個で，この業界トップクラスの規模を誇ります。個人向けの会員サービスである「クロネコメンバーズ」の会員数は5000万人以上で，日本の人口の約４割が登録しています。

ヤマト運輸にとっては，荷物を効率よく配置・運用し，顧客に迅速で確実な配送サービスを提供できるかが重要なテーマです。宅急便は1976年に始まり，80年代から90年代にかけて物流ネットワークを拡大しました。さらにここ数年はECの増加などによって取扱量は年々増えています。ECとはElectronic Commerceのことで電子商取引と訳します。インターネット上でモノやサービスを売買すること全般を指し,「インターネット通販」や「ネットショップ」のことです。宅急便の荷物を効率よく荷物を配置・運用するため，以前は経験や勘に頼っていましたが，データに基づいて需要と業務量を予測するようになってきました。これをデータ・ドリブン経営と呼んでいます。宅配するトラックやドライバーの配置といった現場の業務だけでなく，経営そのものをデータに基づいて判断できるような体制づくりのことを言います。

データ分析を行うため，ヤマト運輸ではデータサイエンティストを多数採用しています。データサイエンティストは事業部門ごとのデータ分析チームに配置され，各部門の課題に応じたデータ分析を行っています。例えば，過去にドライバーが選んだ運送ルートに基づいて運送時間や燃料を無駄にしている人材をピックアップし，研修を実施することで運送効率を向上させている場合もあります。

物流業界にデータを活用することで，倉庫内に持ち込まれた荷物など，倉庫内にある商品をどこに整理したのかなどを簡単に管理できるようになります。また，商品を倉庫内から持ち出す際に，運搬車両に効率よく積み込むための手順などを分析することも可能です。これ以外にも倉庫内の温度や湿度なども管理するので，食料品などを倉庫内で管理する際には適切な状態を保つように調整することも可能です。

予測分析によって正確な計画作成が可能にもなります。過去のデータをもとにしてデータ分析を行うことにより，顧客からの需要や自分たちの供給などに関する予測分析をすることで，過剰在庫や在庫不足を防いで販売機会の損失をなくすことが可能になります。従業員が計画作成をする場合は従業員自体の経験や能力が計画作成の精度に大きな影響がありますが，データ分析を活用して予測分析をするようにすれば従業員が入れ替わっても一定のレベルを保つことができるようになります。過去のデータを蓄積することで，データ分析の精度は徐々に高まっていくため，予測分析の信頼性も高まります。

(2) 金融業界

近年，経済産業省により，店舗やネットショッピングにおいてキャッシュレスで決済することで，ポイントが還元される「キャッシュレス消費者還元事業」が取り組まれており，現金を持たなくてもICT（Information and Communication Technology）技術で決済が可能なサービスが浸透してきました。これにより我々の生活を取り巻く決済に関する考え方が変わってきています。お金を取り扱う金融業は，この変化の大きな影響を受けており，より詳細な分析によって生存競争を生き抜く必要があります。ここにデータサイエンスが活用されています。既存の銀行や金融業は，このようなFinTech（フィンテック）サービスに打ち勝ち，共存していくために，環境を整理し，顧客一人ひとりへ理解を深めるため活動が必要です。そのためにデータ分析は欠かせません。スマートフォンやタブレットなどのモバイルデバイスの普及と低コストで利用可能となったビッグデータアナリティクスを用いたテクノロジーによって，金融業界に大きな変化が起きています。国内国外を問わず，現在FinTechというトレンドが活発化しています。FinTechとは，Finance（ファイナンス）

とTechnology（テクノロジー）を組み合わせた造語で，IT技術が活用された金融サービスを指します。FinTechと言われるサービスには，大まかに送金と決済，融資，預金・資金管理が挙げられます。

送金と決済には，交通系電子マネーと呼ばれるSuicaやPayPayといったキャッシュレス決済サービスや利用代金を利用者で割り勘しインターネット上で送金できるアプリなどがあります。

融資には，お金を借りたい人と貸したい人を結びつけるソーシャルレンディングサービスと言われるものや，CAMPFIREといったプロジェクトへの資金提供を行えるクラウドファンディングサービス，LINE ポケットマネーといった日々の決済やインターネット上での行動といったデータから信用度を分析し融資を行うデータレンディングがあります。

預金・資金管理には，各種銀行のインターネットバンキング，Bitcoinなどの仮想通貨，Money Forwardなどの財務管理アプリケーションがあります。

金融業界ではデータ分析を行うことによって，顧客理解やAIの利活用に役立てられています。

図表7－2 FinTechの概要とその要素

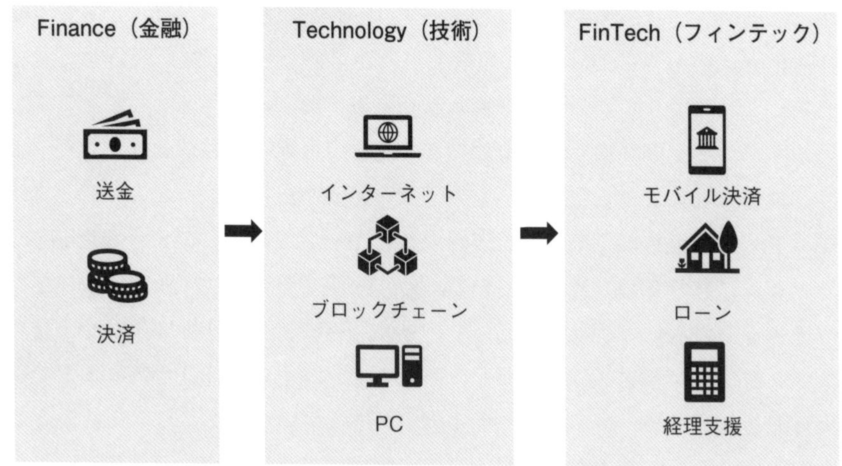

出所：意外と知らない？ ITトレンド用語FinTech（フィンテック），https://www.ntt.com/bizon/glossary/j-h/fintech.html（参照2022-12-15）をもとに筆者が一部変更

銀行などの金融機関は大量の顧客のデータを保有しています。保有しているデータから，顧客の年齢，性別，職業，年収，家族構成，信用度といった属性データや取引データに加え，顧客の日常での行動や生活のスタイルといった行動データを加えてデータ分析を行い，顧客一人ひとりに合ったアプローチを行うことが可能です。有効な分析手段としてアソシエーション分析があり，データ間の相関関係を分析する手段です。従来の金融業では顧客の年齢や性別といった属性データのみで分析を行ってきました。これらにどの店舗を利用しているか，ATMの利用率，提携サービスの利用歴やSNSデータといった行動データを組み合わせて分析します。アソシエーション分析によって，顧客の中の「30代の50%が住宅購入を検討している」といったように，顧客を細分化し特徴や思考のデータを取得することが可能となります。データとデータを掛け合わせて分析した結果を用いて，顧客に合わせたアプローチができるようになります。また，顧客の偏りの調査にも役立てることができます。アソシエーション分析の結果から，「30代以降の男性は送金や振込の利用が多い」といった結果が出たならば，「資産運用の案内を強化し利用目的を増やす」など，新たな施策の企画や，顧客獲得に向けた取り組みを行うこともできます。このように，顧客の特徴を理解することで，まだ取り込めていない客層を見つけることもできます。

AIは様々な場面で利活用されていますが，金融業界にも浸透しはじめています。ICT技術の急速な進歩によってインターネット取引などのサービスもデジタル化し，得られるデータが電子化し，大量に蓄積され続けています。これらの大量のデータを効率的に処理し，活かせる力が必要となります。そこで活用できるのがAIです。これまで人間が判断してきた作業をAIの活用でコンピューターのみでできることも増えました。金融業界において，AIを利活用できる分野としてデータの収集と分析，審査，マーケティング・将来予測が挙げられます。

保有する顧客の属性データや顧客からの問い合わせ内容を収集することによって分析が可能となります。例えば，コールセンターの音声をAIが認識し，文字・データ化することができます。メールでの問い合わせであれば，その文字を認識し，データ化・蓄積・分析を行うことができます。また，最近では入力された質問を理解し，返答を行うことができるチャットボットを活用することで，対応窓口を自動化することができます。実際の銀行では，相談内容に対して自動で返答を行うチャットボットが運用されています。

融資の審査においてAIを活用する企業も増えています。審査を行う与信モデルというものを作成することで自動審査が可能になります。とある銀行では，企業向けの融資審査においてAIを導入しており，決算書が不要で，AI自身が口座の資金の動きを学習し，融資可能かどうかを判断することができます。人員の削減や業務負荷の軽減にも貢献できます。

AIのデータ収集と分析の機能は，顧客管理や売上管理だけでなく，マーケティングや将来予測にも役立てることができます。できるだけ少ないコストで最大限の効果を得るためにAIによる分析を利用できます。さらにニュース，SNS，天気，イベント等の情報をデータに加えることで，需要や株価の予測も可能になります。とある証券会社では，株価予想にAIを導入しています。様々な業種のデータを読み込ませ，そこから法則性や周期性をAIが学習し，企業の株価がどのように推移するかを予測しています。

(3) 医療業界

近年，入院，外来の患者数は減少を続けています。また，社会保障費の抑制の流れで診療報酬が伸びないため，医療業界は先行きが見通せない状況になっています。特に医療機関の経営は苦しい状況が続いていると言われています。2025年には日本の人口で団塊の世代と言われる世代が75歳以上となり，国民の５人に１人が75歳を迎える超高齢社会が到来します。これにより2025年問題が起こると予測されています。特に大都市部で生活する高齢者が急増すると同時に社会保障費もピークに達し，医療施設の供給不足が懸念されています。

医療従事者のなり手の不足は深刻で，特に地方で人材不足が顕著なために地域間で格差が起こっています。産科や救急，外科などの診療科は労働環境が過酷なこともあり，働き方への不安などから希望の診療科をあきらめる人が跡を絶たず，医師が集まらない事態となっています。このため，働き方改革によって残業時間の削減や，長時間労働の是正が進められています。慢性的な医師不足の地域では，一人の医師があらゆる疾患に対応しなければならない場所も珍しくありません。診療外の分野の担当を受け持つ場合もあり，医師にとっては厳しい状況です。

医療業界を取り巻く環境は厳しいですが，近年，データサイエンス，AIやICT技術が医療に活用され，遠隔でオンライン診療ができるよう規制緩和が進み，それに伴うIT化が急速に進行しています。

上述のように，医療業界で起きている問題や課題を踏まえ，2019年３月に厚生労働省が「AI戦略2019」を発表しました。教育や研究開発など，あらゆる業界・分野においてデータサイエンス・AIの活用を推奨する内容で「医療・健康・介護」も含まれています。

医療分野と同時にヘルスケア分野へのデータサイエンス・AI導入も加速しています。医療機関・政府が保有するデータと連結しビッグデータとして分析し，ヘルスケアに役立てる取り組みが進められており，今後利活用が高まることが予想されています。

医療業界における利活用の例について見ていきましょう。

①　医療現場での業務効率化

医療の現場においては業務効率化が進められていますが，人材不足の解消や長時間労働の抑制のためにはさらなる効率化が必要となります。電子カルテの導入でデータ入力業務は改善されましたが，さらなるスピードや入力負荷の削減に向け，AI技術を用いたカルテの入力補助などが進められています。

病名，処方箋などを学習させることにより，カルテ記入や入力業務を減らし，削減した時間を患者との対話にあてることが可能になります。

②　画像診断ミスの低減

医療の現場ではCTスキャン画像，眼底画像，レントゲン画像など様々な診断に必要な画像があります。医師によって読影判定にバラツキが起こることもあり，正しい判断がされていない可能性も指摘されています。これに対してAIは大量のデータで学習することで予測や判断の精度を向上することができ将来の進歩に期待されています。大量のデータを学習して精度を向上していくために，AIの画像認識技術を活用されています。

③　ビッグデータからの類推による診察支援

多くのデータを扱うことで，医師による検索時間を削減できることから，ビッグデータを扱ったAI利用による診察支援の製品やサービスが開発されてきています。診断支援システムに患者の症状を入力したり，検査で得られた画像や数値を入力することなどによって，考えられる病名や対処法などが表示されるものもあり，診断の一助とすることができます。

④　AIを活用することによるデメリット

今後はデータサイエンス・AIを用いた医療機器や診察支援の製品，サービスが定着していくと予想されます。AI技術が発展してきていることが事実ですが，まだ万能ではないため，使い方を理解せずに使用してしまうことで，思わぬ誤診を生んでしまう可能性があることに注意が必要です。

大きな技術進歩を見せているディープラーニングは，大量のデータを学習することによって判断を下せるようになっていきます。学習していない状況に対応できないところには注意が必要です。そのため，解決策としてAIが示した判断に完全に依存するわけではなく，最終的な判断は医師が行うというように，あくまでAIを医師の判断の一助として利用することが望ましい

図表7－3　医療におけるデータサイエンスの利活用分野

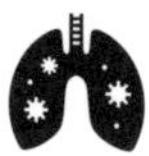
画像認識

創薬

オンライン診断

医療データ
プラットフォーム

業務効率化

診断支援

出所：AIを医療に活用‐メリット・デメリットや最新の事例を詳しく解説
https://ainow.ai/2018/12/13/158185/（参照2022‐12‐15）をもとに筆者が一部変更

です。また，AIを活用する際に欠かせない患者さんのデータを誤って流出させてしまうデメリットも考えられます。ビッグデータやセキュリティ対策における知見をもった人材がいなければ，大きな問題に発展する可能性があります。医療分野の知識はもちろんデータサイエンス・AIやビッグデータを扱える人材を確保することがきわめて重要です。

4　おわりに

第7章では，まず経営に関するデータサイエンスと題して，まずデータサイエンスに関する基礎事項を解説しました。次にデータサイエンスを利用したマーケティング戦略とイノベーションについて，それぞれの内容を解説しました。今回取り上げた事例はごく一部でしかありません。実際にデータサイエンスを活用すると業務の効率化，詳細な分析が可能となります。データサイエンス・AIは今後活用分野が広がり，近い将来にどの分野でも利用されることになると予想され，経営学を学ぶ方にとっても必須の知識になります。この興味を持った方は資格取得に挑戦するなどし，学びの幅を広げてみましょう。

◆主要参考文献

- 一般社団法人データサイエンティスト協会プレスリリース（2014）『データサイエンティスト協会，データサイエンティストのミッション，スキルセット，定義，スキルレベルを公表』http://www.datascientist.or.jp/files/news/2014-12-10.pdf（参照2022-12-15）
- 医療・看護・病院のAI活用事例，https://ai-market.jp/industry/medical_ai/#AI-2（参照2022-12-15）
- 金融業界におけるFintechの脅威～データ分析とAIで生き残ろう～，https://www.acrovision.jp/service/data/?p=395（参照2022-12-15）
- 佐藤忠彦（2022）「経営学のためのデータサイエンスの周辺：計量経営学のすすめ」『組織科学』Vol.55 No. 3：4-20。
- データサイエンスで物流を変革するプロジェクト，https://www.nittsu.co.jp/jinji/senko/special/project02/（参照2022-12-15）
- データサイエンスとは？データサイエンスの意味や活用事例を学ぼう，https://ai-kenkyujo.com/artificial-intelligence/datascience-3/（参照2022-12-15）
- 原泰史（2021）『Pythonによる経済・経営分析のためのデータサイエンス―分析の基礎から因果推論まで』東京図書。

● 古川一郎・上原渉編著（2022）『1からのデータ分析』碩学舎。
● 増井敏克（2022）『図解まるわかり　データサイエンスのしくみ』翔泳社。
● 三津村直貴（2022）『図解まるわかり　AIのしくみ』翔泳社。

さらに学習したい人のために

● 北川源四郎・竹村彰通編（2021）『教養としてのデータサイエンス（データサイエンス入門シリーズ）』講談社。

社会におけるデータサイエンスの利活用事例が豊富で，練習問題もあるため，基礎から発展的な学習まで適しています。

● 竹村彰通・姫野哲人・高田聖治編（2021）『データサイエンス入門〔第2版〕』学術図書出版社。

基礎的なデータ分析手法について事例を交えながらわかりやすく解説されており，大学生がデータサイエンスを学ぶのに適しています。

● 増井敏克（2021）『図解まるわかり　データサイエンスのしくみ』翔泳社。

統計学やAIなどの専門用語の解説とイラストがセットになっており，現代におけるデータ活用の問題点や課題も述べられています。

◆コラム◆　データサイエンティストの定義およびスキル

社会に存在する様々なデータを分析する人をデータサイエンティストと呼びます。一般社団法人データサイエンティスト協会によれば，「データサイエンティストとは，データサイエンス力，データエンジニアリング力をベースにデータから価値を創出し，ビジネス課題に答えを出すプロフェッショナル」と定義されています。ここでいう「ビジネス」とは，社会に役に立つ意味のある活動全般を指します。また，「プロフェッショナル」とは，体系的にトレーニングされた専門性を持つスキルを持ち，それをベースに顧客（お客様，クライアント）にコミットした価値を提供し，その結果，に対して認識された価値の対価として報酬を得る人を示します。

一般社団法人データサイエンティスト協会（2014）によると，データサイエンティストには４つのスキルレベルがあると考えられており，１．業界を代表するレベル（Senior Data Scientist），２．棟梁レベル（(full) Data Scientist），３．独り立ちレベル（Associate Data Scientist），４．見習いレベル（Assistant Data Scientist）に分けられます。

以前は読み・書き・そろばんが基本的な教育内容とされてきましたが，現代社会においては，データサイエンス・AIがこれに取って代わるスキルとされています。したがって今後は，皆さんの中から経営に関するデータサイエンティストとして活躍する人も出てくると思います。

データサイエンスを学ぶには

データサイエンスの活用の可能性がわかると，データサイエンティストになりたいと考える方もいると思います。データサイエンティストになるには必ずしも資格は必要ありませんが，データエンジニアやデータアナリスト，AIエンジニアなどとしてのスキルが求められます。今後データサイエンティストが増えてくると，他の人と差別化をはかって市場で生き残っていく工夫が必要になります。そのようなとき，資格を持っているのといないのでは，大きな差になる可能性があります。

なお，データサイエンティストには様々な資格があります。

- データサイエンティスト検定
- 統計検定
- 統計データ分析士
- 情報処理検定

があります。

経営学で使用するデータの種類

経営学のデータサイエンスで使用されるデータを分類すると**図表7-4**のようになります。①〜⑧に示すソーシャルメディアデータ，マルチメディアデータ，ウェブサイトデータ，顧客データ，センサーデータ，業務データ，ログデータ，オペレーションデータは，一般にビッグデータと呼ばれるものです。これらデータの出現によってデータサイエンスの必要性が高まり，発展してきました。一方で，企業で⑨に示すように，多種多様なその他のデータが存在し，ビッグデータと比較すると規模が小さいという意味でスモールデータと呼ばれます。スモールデータは，ビッグデータと比較すると変数が多いという特徴を有し（多次元性），ビッグデータに比べると多様な情報を獲得できる側面がある一方で，規模が小さく，計量的な扱いが困難である場合も多くあります。データサイエンスというと，ビッグデータだけをイメージする場合が多いですが，スモールデータの利活用も含まれます。特に経営学を含む社会科学と呼ばれる領域では，スモールデータをデータサイエンスのアプローチで分析し，有用な知見を獲得することも重要です。

図表7-4 データサイエンスで使用されるデータの種類

ビッグデータ

①ソーシャルメディアデータ	②マルチメディアデータ	③ウェブサイトデータ
ソーシャルメディアにおいて参加者が書き込むコメント等	Web上の配信サイト等において提供される画像データ，動画データ，音声データ等	ECサイトやブログ等において蓄積される購入履歴，ブログエントリー，サイト構成等
④顧客データ	**⑤センサーデータ**	**⑥業務データ**
CRMシステムにおいて管理されるDM等の販促データ，会員カードデータ等	GPS，ICカード，RFID等によって収集される位置，乗車履歴，温度，速度，加速度等	業務上作成されパソコン等に蓄積されるオフィス文章，e-メール等
⑦ログデータ	**⑧オペレーションデータ**	**⑨その他データ**
Webサーバー等で自動的に生成，蓄積されるアクセスログ，エラーログ等	販売管理等の業務システムにおいて生成されるPOSデータ，ID付POSデータ，取引明細データ等	課題に応じて実施される多種多様の形式で取得されているアンケートデータ，実験データ，インタビューデータ等

スモールデータ

出所：佐藤忠彦（2022）「経営学のためのデータサイエンスの周辺：計量経営学のすすめ」『組織科学』Vol.55 No. 3：4－20

MEMO

経営学漫画③　決定回避の法則

①

②

③

④

決定回避の法則

何種類もの料理がのったメニューの中から一品を選ぶのに苦労した経験があると思います。人は選択肢が多くなると、判断力が低下する傾向があります。人間にとって、多くの選択肢から一つを選ぶというのはストレスがかかる行為のため、選ぶ行為を先延ばしたり、選ぶことをやめてしまいたい、という心理が働くからです。これを決定回避の法則と呼びます。

経営学漫画④　レコメンデーション

①

②

③

④

レコメンデーション

アマゾンなどのオンラインショッピングで、よく一緒に購入される商品や、おすすめ商品が表示され、つい買ってしまったという経験があると思います。ショッピングサイトが、お客様の検索履歴や購入履歴などのデータに基づき、自動的に適切な商品やサービスなどを勧めるシステムをレコメンデーションと呼びます。

第Ⅲ部

経営戦略と会計の扉

第8章 経営戦略論と組織論

1　はじめに

企業には経営の有効性と効率の両方が求められます。例えば，売上高が５億円の企業と10億円の企業とを比較すると，売上高10億円の企業の方が経営の有効性が高い企業として位置づけることができます。つまり企業が生み出すアウトプットの大きさに注目したのが有効性です。一方で，アウトプットとインプットの比率に注目するのが効率です。例えば，先の売上高10億円の企業では，その売上を達成するために同じ10億円の費用を要したのに対して，売上高５億円の企業では，１億円の費用だったとします。両社に対する印象や評価が大きく変わったのではないでしょうか。本章で注目する経営戦略はどちらかと言えば各企業における経営の有効性を，経営組織は経営の効率を大きく左右していきます。例えば，売上高５億円の企業がこれからもその売上を維持したり，さらに売上高10億円に伸ばしたりしていくのには将来どのようにすればよいのかを構想するのが経営戦略です。また，企業がどのようにしてその売上高をより効率的に達成させたり，自社の戦略を実際に実現したりしていくのかが経営組織の課題となります。本章では，経営戦略と組織との関係性についても着目していきます。

2　経営戦略論

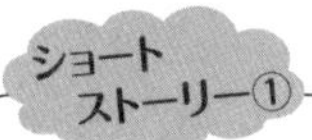

(あるコーヒーショップで)

陽翔　「この店のコーヒーはいつも本当に美味しいな。君は本当に将来コーヒーショップを経営したいの？　それなら，この店と同じ豆を使ったコーヒーにしたらどう？　人気のお店に絶対なると思うけど」

あや　「コーヒーショップといっても色々あるわ。ここのお店のような家族で経営しているお店，若い人に人気のコンセプト・カフェ（コンカフェ），それにドトールコーヒーやスターバックスコーヒーのようなチェーン店もあるわ。この店と同じ豆を使ったコーヒーを提供するだけではとても人気店にならないと思う」

陽翔　「確かに，コーヒーショップといっても様々だね」

あや　「それに最近は，コンビニエンスストアでも美味しいコーヒーが買えるわ」

陽翔　「コンビニエンスストアもライバルになるんだね。どんなお店にしたら人気店になるのかな」

先生　「君たちが今議論しているのは，企業経営の中でも経営戦略の問題だよ」

陽翔とあや　「経営戦略？」

先生　「経営戦略には大きく2つのタイプがあるんだよ」

陽翔とあや　「先生，経営戦略についてもう少し詳しく教えてください」

(1)　事業戦略とビジネスモデル

経営戦略は，大きく2つに大別されます。1つが企業全体に関する全社戦略で，もう1つが各企業が営む事業についての事業戦略です。事業という言葉を使用するよりも，英語でビジネスと言った方が若い読者には馴染みやすいかもしれません。冒頭の会話では，二人は将来のコーヒーショップについて構想しています。コーヒーショップがビジネス（事業）に相当します。大きな企業であっても，今回のような小さなお店であっても必ず何かしらの事業を営んでいます。自社の事業をいかにして軌道に乗せるのか，また持続するのか，そして成長させていくのかを構想するのが事業戦略です。

事業戦略は競争戦略とも呼ばれます。どんな事業を営むにしても必ずライバルが存在します。コーヒーショップを営むにしても，大手のコーヒーチェーン，さらにコンビニエンスストアのカップ・コーヒーと様々なライバルが存在していました。ビジネスの世界では，参加すること自体に意義があるのではありません。ライバルと競争しながら，存続し，利益を上げていく必要があります。特に「競争への対応」が鍵になるのが，事業戦略です。すなわち事業戦略の良し悪しは，競争に対応できているのかどうかで判断されるということです。お店で取り扱うコーヒーの良し悪しだけでは，現在の熾烈なコーヒーショップというビジネス競争の中でとても生き残れそうにはありません。事業戦略をもう少し深く構想していく必要性があります。

事業戦略を構想していくためには，まずは事業コンセプトを明確にしていくことが求められます。事業コンセプトとは，自社は誰に（Who），何を（What），どのようにして（How）提供していくビジネスを営むのかを明確にすることです。さらに近年のような競争の激しい経営環境下では，その3点の少なくともいずれかで独自性，ユニークさが求められています。1つずつ解説していきましょう。

Who：事業戦略は競争戦略とも呼ばれると述べましたが，まずはできるだけ競争に巻き込まれないにはどうしたらよいのかを構想することが肝要となります。ライバルが未だ目をつけていない，あるいは気づいていない顧客を発見できれば既存の競争から回避することができます。例えば，ショートストーリー①で二人が会話しているコーヒーショップは町の小さなコーヒーショップです。地元の人たちだけでなく，彼らのような若い人も魅了するようなお店のようです。大手のコーヒーチェーンを好む若い人が多い中で，それとは異なる嗜好の若い人を顧客として発見しターゲットとしているお店のようです。

What：コーヒーショップですからコーヒーがWhatであり，またコーヒーが美味しいのは当たり前と思うかもしれません。しかし二人の会話にも登場していた最近の若い人に人気のコンカフェはどうでしょうか。これらのお店にコーヒーの美味しさを求めて来店する顧客はほとんどいないのではないでしょうか。コンカフェの顧客のお目当ては店員や店の内装などです。Whatはコーヒーではありません。もうコーヒー自体を提供していないコンカフェ店さえあります。また名古屋の喫茶店は，モーニング定食が豪華なお店が多く，これらのお店ではコーヒーの美味しさでなく，朝食の品数の多さが競争の武器になっています。コーヒーを好まない人のために，もうコーヒーを提供せずに，代わりに紅茶や緑茶を提供してモーニング定食とするお店もすでに少なくありません。

How：Whatのユニークさはユニークであるほどに目立ちます。例えば，ちょっと変わった風味のコーヒー，店の内装や接客，モーニング定食の品数の多さなどはテレビニュースやネット記事に取り上げられて，大きな話題となる可能性があります。しかしながらユニークなWhatであるほど，ライバルからすぐに真似される危険性も高まります。名古屋の喫茶店においては，もうモーニング定食が豪華なことに驚く人が多くありません。多くのお店がすでに豪華なモーニング定食を提供しているからです。ワンコインであれだけの品数のモーニング定食を提供して，本当に利益を確保しているのか心配にさえなります。Whatでの競争は，互いが模倣し合って過剰な価格競争に陥る危険性があります。

そこで近年注目されているのがHowでの競争です。提供するWhat自体はそれほどユニークでなくとも，Howのユニークさで競争に対応し，利益を確保していこうという動向です。ショートストーリー①で登場したコンビニエンスストアのカップ・コーヒーをその具体例の１つとして挙げることができます。コンビニエンスストアのカップ・コーヒーは，町のコーヒーショップや大手のコーヒーチェーンで提供されるコーヒーと比べて格段に美味しいというわけではありません。しかし毎日多くの人が購入しています。昼食後に煎れ立ての美味しいコーヒーを飲みたいものの，コーヒーショップに入って堪能するほどの時間がない。そこで，すぐに飲めるコンビニエンスストアのカップ・コーヒーは忙しい人ほど重宝され，多くの人がリピーターとなっています。コンビニエンスストアのカップ・コーヒーは，提供スピードの速さというHowのユニークさで競争対応しているのです。このHowのユニークさは，ビジネスモデルのユニークさとして着目されています。もしも町のコーヒーショップで同じように提供スピードを速くしたら，逆にそのお店の魅力が削がれてしまうのではないでしょうか。このようにHowのユニークさはWhatのユニークさに比べて，ライバルがすぐに模倣することが難しく，また安易に模倣すると逆に自社の特徴や強みが損なわれてしまう場合も少なくありません。

⑵　全社戦略と成長ベクトル

ちなみに日本で初めてのコンビニエンスストアは，1974年５月に東京の江東区で開店したセブン-イレブンです。この１号店が軌道に乗るまでの悪戦苦闘の様子は，NHKで放映された「プロジェクトX」で詳しく紹介されています。もともとアメリカ各地で展開されていたセブン-イレブンを日本流に手直ししながら開店したのが１号店でした。例えば，現在のコンビニでも導入されている飲料の冷蔵庫についてもアメリカに比べて店内が狭い日本の事情に合わせて，バックヤードから商品を補充するスタイルに１号店開店時にすでに変更されています。その１号店で最初に売れた商品とは，サングラスだったそうです。開店当初は，サングラスをはじめ日用品を数多く取り扱っていましたが，次第に日本の顧客の嗜好に合わせてお弁当などの食料品メニューを増やしたり，また時代の変化に合わせて先のカップ・コーヒーも含めた様々な新商品や新サービスを導入したりしてきました。同じコンビニエンスストアといっても１号店の開店当初と現在では店内が大きく様変わりしているのです。

事業戦略では，競争への対応が鍵になると示しましたが，全社戦略では，「変化への対応」が鍵となります。世の中の変化への対応なくしては，すなわち1974年当時と同じ店内のままでは，今日のように数多くのコンビニエンスストアが存在し続けることは不可能です。逆に言えば，常に変化への対応をし続けたからこそ，今日でもコンビニエンスストアがさらに増え続けているのです。そこで全社戦略は，成長戦略ともしばしば呼ばれています。

世の中の変化に対応しながら，どのようにして企業全体を成長させていくのかを構想するのかが企業戦略の主要な課題です。戦略的経営の父と呼ばれることもあるアンゾフ（Ansoff. H. I）は，1965年にこの課題に対して**図表8－1**のような成長ベクトルという考え方を提示しています。この中で，企業がさらなる成長をしていくためには大きくは２つの方向性（ベクトル）があり，４つの具体的な戦略があることを示しています。具体的には，企業が提供する製品や技術面で新しい方向性を目指すのか，あるいは市場や顧客面で新たな方向性を目指すのかという２つの方向性です。また図表中の①～④が４つの戦略です。

①の市場浸透とは，既存製品を既存市場でさらに普及させていくことに注力していく戦略です。例えば，コンビニエンスストアで今力を入れているお

図表8-1 成長ベクトル

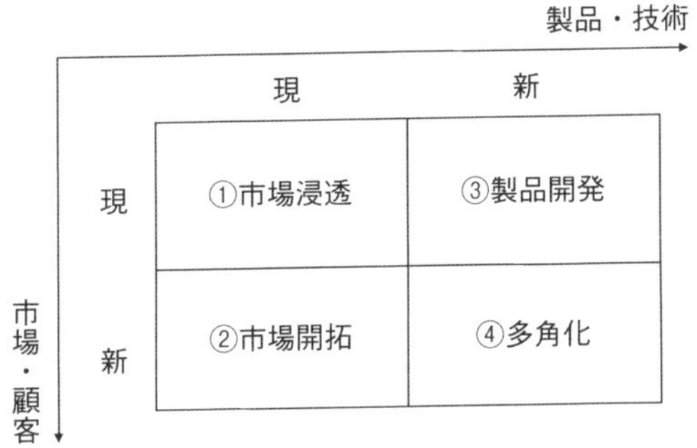

	製品・技術：現	製品・技術：新
市場・顧客：現	①市場浸透	③製品開発
市場・顧客：新	②市場開拓	④多角化

出所：Ansoff（1965）邦訳137頁を基にして筆者作成

弁当の売上をさらに向上させていくための戦略が該当します。②の市場開拓は，既存の製品を海外など新たな市場で展開していく戦略です。実際近年セブン-イレブンを含めてコンビニ各社では，人口が次第に減少していく国内に代わり，特に若年層が多く人口が急増していく海外各国への進出に力を入れています。③の製品開発は，既存の市場や顧客に対して，新たな製品や技術によってそのニーズを満たしていく戦略です。コンビニエンスストアのカップ・コーヒーは近年のまさに成功例として挙げることができます。そして④の多角化は，製品や技術，市場や顧客のいずれにおいても新しいことに挑戦する戦略です。例えば，カップ・コーヒーを海外の店舗でも販売していくことが該当します。

以上のような成長戦略をよりスピーディに実現するために，近年では，外部成長方式と呼ばれる方法がしばしば採用されています。一般的には，他企業を買収や吸収合併するM&A（Mergers and Acquisitions）と呼ばれる方法です。M&Aでは，事業に必要な経営資源をワンセットで買い取るために，時間を要しません。そこで特にスピードが求められる現代企業においては，M&Aが活用されることが少なくありません。また熾烈なグローバル競争下での生き残りのためにも，同業他社間との合従連衡がM&Aによって進められることが少なくありません。ただし，各企業によってその組織文化や歴史が異なるために，M&A後に様々な問題が生じる危険性もあります。旧企業間で派閥的な対立が生じたり，互いの仕事の進め方の違いで連携がとれなかったり，有能な人材ほど退職してしまったりといった事態に陥ることがあります。最終的には，M&Aが解消されてしまう事例もあります。M&Aについては，第10章「ファイナンス」にてさらに詳しく解説していきます。

3 経営組織論

ショートストーリー②

(引き続きコーヒーショップにて)

陽翔 「ここのお店のコーヒーがとても美味しいのは豆だけではなくて，マスターのコーヒーの淹れ方にも理由があるんじゃないかな。マスターのコーヒーを入れる姿を見ているだけでも飽きないな」

あや 「私は，ここのお店の接客も素敵だと思う。多分，マスターの奥さんだと思うけど，毎回とても気持ちの良い接客をしてくださるわ。会話していても愉しいし」

陽翔 「そう言えば，マスターがカウンターでコーヒーを淹れている姿は何度も見ているけど，今まで一度も話をしたことはないな」

あや 「コーヒーを淹れるのに集中しているのかしら。それから私は，この店のケーキもとても好きだわ。誰が作っているのかしら」

陽翔 「ケーキは有名なスイーツ店で修業した息子さんが作っているらしいよ」

先生 「このお店は職能別組織だね」

陽翔とあや 「職能別組織？」

先生 「二人が今議論しているのは，企業経営の中でも経営組織についての課題だよ」

陽翔とあや 「先生，解説をお願いします」

(1) 職能別組織

民主主義の社会では，特定の人間を特別扱いするのではなく，皆が同じ活動をできることや同じ権利を持っていることが社会の基本となっています。しかし組織の中，特に営利企業の中では，皆が同じ活動をし，同じ権限を持っていると様々な問題が生じてしまいます。例えば，皆が同じ活動をして，その足並みを揃えようとすれば，組織全体の効率や生産性が低下してしまいかねません。また皆が同じ権限を持ち，最終責任者が曖昧になってしまうと，組織全体の結果に対して誰も責任を負わなくなってしまいます。結果的に，先に注目した経営戦略の実行や実現が困難になってしまうという問題も生じてしまいます。

そこで「分業と調整」は，企業経営における最重要課題の１つとして長年取り扱われてきました。職能別組織は，分業と調整を具体化した組織構造の１つです。具体的には**図表８－２**のような組織です。

図表8－2　職能別組織

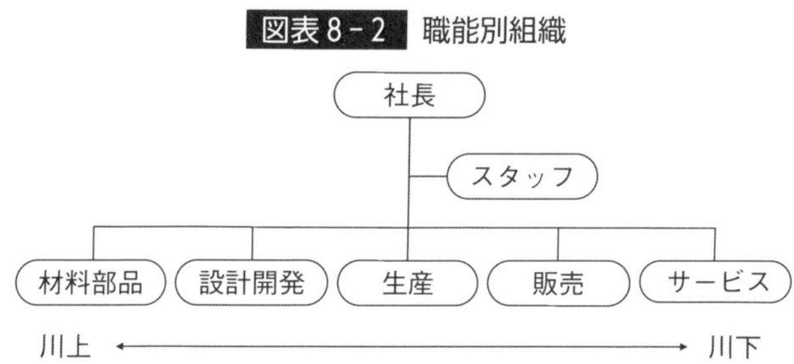

出所：筆者作成

人にはそれぞれ得意なこと，不得意なことがあります。職能別組織では，各人が得意なことに集中して取り組んでもらうことで，全体の効率や生産性が高まることを目指した組織構造です。例えば，二人が会話していたコーヒーショップでは，マスターが美味しいコーヒーを淹れることに集中していました。また有名なスイーツ店で修業をしてきた息子さんがお店で提供するスイーツづくりを担当していました。そして会話上手な奥さんがお客さんとコミュニケーションをとりながら，接客を担当していました。皆が各自の得意なことに集中していました。逆に，マスター以外の人がコーヒーを淹れてしまうと，このお店のコーヒーの味が一定しないのではないでしょうか。またおしゃべりが得意でないマスターに接客も担当させてしまうと，コーヒーの味にも影響しかねません。さらには，お店全体が何だかぎごちなく，居心地の良くない雰囲気になってしまうかもしれません。各自が得意なことに集中することで，お店全体が効率化し生産性が向上していくのです。

一方で，マスターは店主ですから，他の仕事に全くの無関心，無責任で良いというわけではありません。例えば，スイーツの味について常連客からの評価が大きく分かれていれば，味の変更をするのか否か，新しいメニューを加えるかどうかなどの最終判断をして，そうした結果に対する最終責任を負うのはマスターです。スイーツにはまるで無関心，お店の売上や利益など最終結果に対して自らは責任を負おうとしないという姿勢では，そんな経営者のお店で一緒に頑張って働こうという人など誰もいなくなってしまいます。職能別組織は，図表8－2のように最終責任者が誰なのかが明確な組織であり，経営者としての手腕や最終責任者としての覚悟が大きく問われる組織であるとも言えます。逆に言えば，一人の経営者の力量や覚悟によって大きく飛躍していく可能性を秘めた組織であるとも言えます。

図表8－2に着目しながら，用語の整理をしておきます。図表の中の楕円の1つずつが職能です。企業が特定の事業を展開し，継続していくために必要となる業務が職能であり，その組織に求められる機能です。そこで職能別組織は，機能別組織とも呼ばれます。職能ごと，機能ごとに仕事を分業した組織ということです。図表8－2では，材料部品，設計開発，生産，販売，サービスという職能に分かれています。これらは，顧客が製品やサービスを買ったり，受け取ったりするために絶対不可欠な業務であり，ライン業務と呼ばれます。すべてが途切れなく，線でつながっていないと顧客に製品やサービスが届かなかったり，顧客の不満足を引き起こしたりする危険性が高い業務だからです。なお川の流れに見立てて，ライン業務の中でも顧客により近い，販売やサービスは川下業務と呼ばれます。逆に顧客から遠い，材料部品や設計開発は川上業務と呼ばれます。

一方で，顧客にとって絶対不可欠というわけではない業務がスタッフ業務です。例えば，人事はスタッフ業務の1つです。人事は，自社で正社員やアルバイトを何人雇用するのか，彼らをどのように育成するのか，そして誰をどの職能に配置するのかといったことなどを担当します。顧客の中に，自分が購入した製品やサービスが正社員かアルバイトのどちらが作ったものなのかを気にする人は多くはないのではないでしょうか。経理や財務もまたスタッフ業務の1つです。人事が企業の人材について担当していたのに対して，経理や財務では企業のお金について主に担当しています。経理については第9章「財務会計，管理会計」で，財務については第10章「ファイナンス」でそれぞれ詳しく解説していきます。

この職能別組織の特徴として，組織全体の効率化や生産性の向上を促進しやすいというメリットを挙げました。また責任者が明確になる，すなわち権限の構造や配分が明確になることも示しました。その他にも，コーヒーを淹れる，スイーツを作る，接客をするというように専門別に仕事をしていくので，専門知識や専門スキルをより短期間で深化できたり，組織内で分断や分散することなく蓄積できたりするというメリットを挙げることができます。つまりは，スペシャリストを育成しやすいということです。言い換えれば，組織内での重複業務を排除できるというメリットとしても示すことができます。

ただし，いかなる企業の経営や組織の体制も完璧ではありません。“経営に終わりなし”という有名なビジネス書もあるほどです。職能別組織にもメリットとともに，デメリットがあります。メリットの裏返しがデメリットです。具体的には，職能別組織では専門ごとに分業しているので，組織内で重複業務が排除でき，また専門性を深めていくスペシャリストが育成しやすいことをメリットとして挙げました。したがってその裏返しとして，自分の仕事にしか関心を抱かず，全社的な視点を保持したゼネラリストが育成されにくい。さらに職能間の対立が引き起こされる危険性があるというデメリットを指摘することができます。企業の規模が大きくなるほど，また歴史が長くなるほど，デメリットが顕在化してしまう可能性が高くなります。木を見て森を見ずという状態になりがちということです。

さらに企業の規模が大きくなるほど，最終責任者である経営者の負担が増大してしまうというデメリットも生じます。経営者の意思決定のミスや遅れが企業全体を大きく揺るがしかねない。しかも全社的な視点を保持したゼネラリストが育成されにくいために，経営者をサポートする人材や次期経営者の候補が思うように育たない。そして経営者の負荷がさらに増大してしまうという悪循環に陥る危険性も指摘できます。

自分の仕事や部門以外のことは他人事で無関心，全社的な視点や経営者感覚の欠如，こうした課題の解消を目指したのがアメーバ経営です。アメーバ経営については，章末コラムで解説していきます。

⑵ ビジネスシステム

小さなコーヒーショップであっても，大きな企業であっても川上業務から川下業務までのすべてを自社内で完結させている事例は多くありません。例えば，コーヒー豆を自ら栽培しているコーヒーショップはほとんどありません。そもそも日本の気候でコーヒー豆を栽培することは容易ではありません。スイーツに使用する小麦粉，卵，牛乳なども他社から購入することがほとんどです。トヨタ自動車のような大きな自動車メーカーであっても，エンジン以外の部品の多くは他社から購入しています。また販売についてもネッツ店，カローラ店，トヨペット店，レクサス（トヨタ）店といったトヨタ車を専門に扱うトヨタ自動車とは独立したディーラー（販売店）を通じて行っています。すなわち現代企業の多くは社内で分業するだけでなく，社外の様々な企業とも分業をしているのです。

特に近年は社外との分業，さらには調整の重要性が指摘されています。社外との分業と調整の仕組みがその企業の競争力を大きく左右したり，ビジネスモデルの成否の鍵を握ったりしていることが多いためです。ビジネスモデルの実現や成功を支えるための組織的な仕組み，特に社内外との分業と調整の仕組みについてはビジネスシステムと呼ばれて，特に関心が高まっています。

例えば，トヨタの自動車を購入する場合，顧客はトヨタ自動車から直接購入することは基本的にできません。地元のネッツ店やカローラ店に行き，その店の販売員の接客を受けながら，購入の検討を進めていきます。つまりトヨタ自動車自体ではなく，全国各地の販売店での接客の質によって顧客が最終的にトヨタ車を購入するかどうかとともに，トヨタ自動車に対する企業イメージや信頼，評判までも左右しかねないのです。したがってトヨタ自動車としては全国各地の販売店を非常に慎重に見定めていく必要があります。またどのランクの車種をどの販売店に任せるのかも重要になります。一方で，ある車種をある販売店が独占的に販売するようにすると，その販売店が次第に安住し油断してしまう危険性もあります。ネッツ店，カローラ店，トヨペット店，レクサス店の互いを競争関係にしておく必要があります。しかしあまりにも過剰な競争関係は各店を疲弊させてしまいかねません。社外との分業や調整の成否は，トヨタ自動車の生命線とも指摘できます。

トヨタ自動車の競争力の源泉の1つとしては，トヨタ生産方式の存在がしばしば指摘されます。リーン生産方式，JIT（just-in-time）方式とも呼ばれることがあります。“必要なものを，必要な時に，必要なだけ作る”ということがその基本になっています。トヨタ自動車ではエンジン以外のほとんどの部品は他社から購入していると示しましたが，特に自社で生産する必要性がない部品は他社から購入しているためです。まさに必要なものだけを作っているわけです。しかしながら，必要な部品が必要な時に部品会社から工場内に届いていなかったら，自動車の生産全体がストップしてしまう危険性もあります。社外との分業や調整の成否は，生産の現場でも生命線となっているのです。

“必要なものを，必要な時に，必要なだけ作る”というのはシンプルな戦略ですが，言うは易く行うは難しです。自動車業以外の異業種も含めて多くの企業がトヨタ生産方式を模倣しようとしてきましたが，トヨタ自動車ほどうまく実現できている企業はありません。アマゾンのビジネスモデルについてもまた非常にシンプルです。パソコンやスマートフォン上でクリックして注文した商品を2～3日以内に顧客の手元に届けるというビジネスモデルです。しかしアマゾンは，そのビジネスモデルを駆使して世界160か国の各国でビジネスを展開しているわけではありません。アメリカや日本など20か国ほどに限られています。アマゾンのビジネスモデルを成立させるには，注文を受けた商品を2～3日以内に確実に顧客の手元に届けるビジネスシステムが不可欠になるからです。経営戦略の実現には経営組織が重要な鍵となっており，ユニークなビジネスモデルの成功ほどそれを支えるビジネスシステムが不可欠となっているのです。

4　おわりに

本章では，経営の有効性や効率に大きく影響を与える経営戦略と組織について注目をしてきました。経営戦略と組織は不可分な関係性にありました。特に企業のビジネスモデルの成功はビジネスシステムに大きく支えられており，表裏一体とも呼べるような特に密接な関係にありました。なお経営の有効性と効率はバランスが必要です。例えば，あまり過度に経営の効率を求めすぎると，誰も新たな試みや挑戦などをしなくなり経営の有効性が次第に低下していく危険性もあります。第Ⅰ部で注目した働く人のモチベーションとも関わる課題です。また本章で触れたように，経営戦略論や組織論は，次章以降の会計やファイナンスの課題との関係性も近年高まっています。経営学の他分野，さらには哲学，倫理学，心理学，社会学などの他の学問分野を学んでいくことによって，より理解が深まっていく分野であるとも言えます。

◆主要参考文献

- アメーバ経営学術研究会編（2010）『アメーバ経営学―理論と実証』丸善。
- Ansoff, H. I.（1965）*Corporate Strategy: An Analytic Approach to Business Policy for Growth and Expansion*, Mcgraw-Hill Inc.（広田寿亮訳『企業戦略論』産業能率短期大学出版部，1969年）
- NHK編（2003）『プロジェクトX：挑戦者たち；第６期　日米逆転！コンビニを作った素人たち』NHKソフトウェア。

さらに学習したい人のために

- 大森信編著（2015）『戦略は実践に従う―日本企業のStrategy as Practice―』同文舘出版。

　近年，欧州の経営学者を中心にして，経営戦略や組織とはそもそも何か，あるいは両者の関係性について哲学や社会学などの他分野の研究蓄積を踏まえながら根底からの問い直しがなされ始めています。そうした新しい研究潮流に対して，日本企業を事例にした新たな研究展開がなされています。

- 加護野忠男・山田幸三編（2016）『日本のビジネスシステム―その原理と革新―』有斐閣。

　本書では，トヨタ自動車以外にも特に長年競争力維持してきた様々な日本企業の事例に着目しています。そして，それぞれのビジネスシステムの特徴について詳しく解説がなされています。

- 寺本義也・大森信編（2022）『新経営戦略論〔第３版〕』学文社。

　本章では経営戦略として全社戦略と事業戦略の２つに大別して解説をしました。それぞれのついてのさらに詳しい解説とともに，他の様々な経営戦略についての解説もなされています。

◆コラム◆ アメーバ経営

アメーバ経営は，京セラを創業し，現在のauを成長軌道に乗せ，そして日本航空を再生させた稲盛和夫氏が考案した組織体制です。実際に京セラ，au，日本航空のいずれでも導入されています。『アメーバ経営学―理論と実証』の20頁によると，「アメーバ経営とは機能ごとに小集団部門別採算制度を活用して，すべての組織構成員が経営に参画するプロセスである」として定義されています。

定義で示されている通りに，アメーバ経営の特徴の１つに，まず企業内に小集団をいくつも編成することがあります。この小集団のことをアメーバと呼びます。小さな企業では，材料部品，設計開発，生産，販売，サービスなどの機能ごとがアメーバになります。例えば販売の職能で働く人数が多い企業では，さらに販売の中にいくつかのアメーバを編成していきます。つまり１つのアメーバに属する人数があまり多くならないようにします。稲盛氏はアメーバ経営を考案した理由の１つとして，「全員参加の経営」である必要性を説いています。自分の仕事や自分の職場が会社に貢献しているのか，社会の中で存在意義があるのか，できるだけ小さい集団にすることで日々実感したり，真剣に考えたりするようになります。また会社全体のこと，社会のことについても他人事ではいられなくなります。

さらにアメーバ経営では，各アメーバに対して利益を確保することを求めています。それが定義の示す，小集団部門別採算制度です。自らが属するアメーバが利益を確保できる小集団になっているのかを問うことで，各人の参加意識を高めるだけでなく，経営者感覚も高めることができるからです。小さな集団ですから，各自が少し工夫をするだけで，すぐに目に見える利益となってその成果が反映されることが期待できます。逆に少し手を抜けば，すぐに赤字になってしまうかもしれません。時間の経過とともに，各人の経営者感覚をますます研ぎ澄ますことになっていきます。

各アメーバは単に利益を確保するだけでは十分ではありません。時間当たりの採算が重要な指標となっています。具体的には，**図表8-3**のように，各アメーバが全体で確保した利益をそのアメーバに属するメンバーの総労働時間で割ると，１時間当たりの利益を示すことができます。それがそのアメーバの１時間当たりの付加価値ということです。したがってアメーバは，互いに１時間当たりの付加価値を向上させようと競い合い，そして時に支援をし合います。自分のアメーバが高い利益を確保しているだけで，他の多くのアメーバが赤字に陥ってしまっているならば，本末転倒です。アメーバ経営を通じて，同僚や部下など他者を育てたり，支援した

図表8-3 アメーバ経営

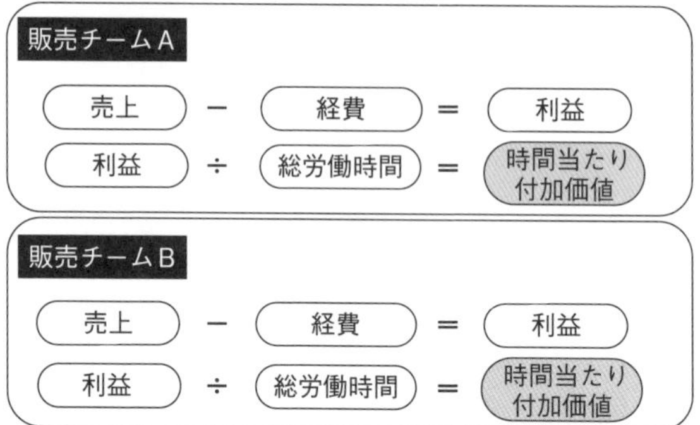

出所：筆者作成

りというリーダーの育成も促進していくことができるのです。

販売など顧客や他社と直接取引をしているアメーバにおいては，売上や利益を数値化することは容易です。しかし例えば，材料部品，さらにその中の小さなアメーバにおいては，売上や利益を数値化するのは容易ではありません。また人事や経理といったスタッフ業務においてそもそも売上や利益をどうしたら数値化することができるのでしょうか。次の章の会計学，特に管理会計の分野で取り組まれている課題の１つです。経営組織論のPBL（終章参照）では，実際の企業を想定しながら，アメーバを様々な企業や部門で導入するには，どうしたら良いのか，どんな課題や障害が生じるのか，そしてそれらをどのように解消していけば良いのかについて取り組んでいく予定です。

第9章 財務会計，管理会計

1 はじめに

企業にはモノやサービスを提供して利益を得るために活動する組織と，公共の利益を優先して運営される組織の２種類があります。前者を私企業，後者を公企業といいます。私企業には個人で商売をする個人事業主や法律に基づいて作られた株式会社などがあり，公企業には水道や交通事業，病院などがあります。企業は国や地域，従業員，取引先，出資者などの利害関係者に対して，お金の使い道を報告し，将来性，安定性，信頼性を示す必要があります。

そこで必要となるのが，簿記・会計の知識と技術です。１年間でいくら儲かったのか，損をしたのかを知るためには，お金の出入りを記録しておく必要があります。簿記は企業のお金に関する活動を記録し，内容別に集計して１年間の成績をまとめた決算書を作る技術です。決算書を作れるようになると，企業全体のお金の流れを理解できるようになります。お金の流れを知ることは，より効率的に組織を運営する方法や，さらに成長するためのキッカケを見つけることにつながります。

簿記・会計の知識は企業の中で働く時に役立つのはもちろん，家計を管理したい，会社を作りたい，自分のお店を持ちたい，副業で収入を得たい，という人にも必ず役に立ちます。

2　複式簿記の仕組み

ショート
ストーリー①

あや「子どもの頃から自分のカフェをオープンするのが夢だったの。貯金が貯まったら，実現に向けて準備を始めるわ。最初は自分の貯金を使って，お店で使うテーブルやイス，食器とかを買おうと思っているの。カフェがオープンすれば，お客様にコーヒーやケーキを買ってもらって，お金をいただくことができるわ」

陽翔「自分の貯金をはたいて始めるからには，もとを取りたいね」

あや「そうね。やるからには，損をするわけにはいかないわ。何にいくら使ったのか，お金の出入りをしっかり記録しておきたいわね」

陽翔「お金の管理か。お小遣い帳や家計簿みたいに，お金をもらったり，使ったりするたびにノートにメモを書いておけばいいのかな？」

あや「現金以外にも，色々な取引がありそうよ。お客様がクレジットカードで代金を払ってくれた時は何と書いたら良いのかしら。１か月分の仕入代金を後からまとめて支払うこともあるみたいよ」

陽翔「お金の出入りといっても，色々な方法や種類があって，ややこしそうだね」

先生「企業のお金を扱う会計には定められたルールがあるんだよ。経営者の都合で利益を多くみせたり，小さくみせたりすることがないようにするためなんだ。まずは，お金の出入りを記録する複式簿記のルールを学ぶといいよ」

簿記とはお金が増えたり，減ったりした原因を帳簿に記録することであり，単式簿記と複式簿記の２種類があります。単式簿記とはお小遣い帳や家計簿のように，お金が増加したか，または減少したか，という一面で捉えて記録します。一方，複式簿記はお金やモノに動きがあるたびに，取引を原因と結果の２面から捉えて記録します。

カフェのオーナーになったつもりで，日常の取引を複式簿記で記録してみましょう。取引とは「コーヒーを販売して現金を受け取った」「銀行からお金を借りた」「アルバイトの人に給料を支払った」などの様々な企業活動のことです。取引の事実を知ったら，その取引内容を勘定科目（現金，売上，仕入など）に分類します。勘定科目は性質ごとに資産・負債・純資産・収

図表9－1 損益計算書と貸借対照表

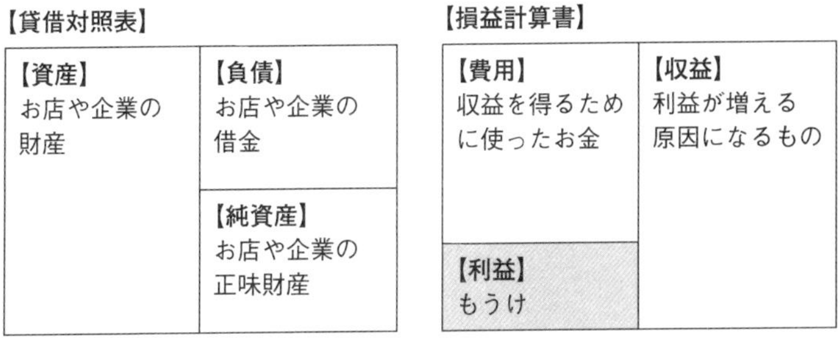

【貸借対照表】

【資産】お店や企業の財産	【負債】お店や企業の借金
	【純資産】お店や企業の正味財産

【損益計算書】

【費用】収益を得るために使ったお金	【収益】利益が増える原因になるもの
【利益】もうけ	

出所：筆者作成

益・費用の５つのグループに属しています。資産とは企業の財産である硬貨や紙幣などの現金，預金，机やテーブルなどの備品のことです。負債は銀行から借りたお金，後払いで購入した仕入代金などです。純資産は正味財産（資産－負債）であり，お店を開くための出資金などが含まれます。収益はもうけ（利益）が増える原因になるコーヒーやケーキの売上です。費用とは収益を得るために使ったお金であり，コーヒーの材料費，店舗の家賃や水道光熱費などです。

「コーヒーを販売して現金400円を受け取った」という取引では「現金400円を受け取った」と「400円のコーヒーを販売した」という２つの面から捉えます。それぞれを「現金（資産）」「売上（収益）」という勘定科目に分類し，「現金が増えた」と「売上が増えた」という記録を左右に分けて，金額とともに帳簿に記載します。これを仕訳といいます。左側を借方（かりかた），右側を貸方（かしかた）と呼びます。呼び名については諸説ありますが，現在では特に意味はありませんので，左側と右側を示す記号と思ってください。

左右に分けるときにはルールがあります。借方（左側）に書くと増える意味になるのは資産と費用の勘定科目です。貸方（右側）書くと増える意味になるのは負債，純資産，収益の勘定科目です。減らしたいときは，増える位置と逆側に勘定科目を配置して仕訳を行います。資産である現金が増えたときには借方（左側）に，減ったときには貸方（右側）に配置します。

コーヒーを販売して現金400円を受け取った場合，現金（資産）と売上

（収益）はそれぞれ増加しているので，資産は左側，収益は右側に配置して（借方）現金500／（貸方）売上500という仕訳になり，仕訳帳という帳簿に記録します。取引を２つの面から捉えて分類しますが，同じ取引をもとにしているので，借方（左側）と貸方（右側）に記入する金額は同額になります。その後，勘定科目ごとに集計し，それぞれの勘定科目の合計金額を試算表という一覧表にまとめます。年に１回，１年間という会計期間に合わせて勘定を整理（決算整理仕訳）して，決算書（損益計算書と貸借対照表）を作成します。決算書は企業の成績表です。**図表 9-1** のように，貸借対照表には財産（資産・負債・純資産）に関する情報を，損益計算書にはもうけ（収益・費用・利益）に関する情報を表示します。

現代では決算書の作成を手助けしてくれる会計ソフトが普及しています。会計ソフトは仕訳さえ入力すれば，帳簿や決算書まで自動的に作ってくれるので便利です。パソコンは人が入力したものを忠実に反映しますので，最初の入力が間違っていれば，その後の帳簿も決算書も間違った状態で作られてしまいます。よって，どのような取引で仕訳が必要なのか，どの資料をみて仕訳をしたら良いのか，どのタイミングで仕訳をするのか，選択した勘定科目が適切であるか，処理方法の違いが税金にどのような影響を与えるのか，など人の判断や確認が重要になります。

3　管理会計と損益分岐点

ショートストーリー②

陽翔　「お金の出入りは取引を２つの面から捉えて記録するんだね。パソコンソフトを使えば集計が簡単だし，入力結果を見れば，現在の収益や費用の金額がわかって，もうかっているか，損をしているかも一目瞭然というわけだね。じゃあ，あとはたくさんのお客様にお店に来てもらって，どんどん商品を買ってもらえば，良いだけだね！」

あや　「なんだか，曖昧ね。カフェの経営には，食材を買う費用のほかに，毎月の家賃や水道光熱費も必要なので思ったよりも，お金がかかるの。コーヒーやケーキを１つ何円で，何個くらい販売して，いくら売り上げれば利益が出るのかしら？　もう少し具体的な目標を立てておきたいわ」

陽翔　「なるほど。損をしないように，売上や販売数量の目標を決めるんだね。

カフェを安定して経営するためには一定の利益が必要だし，しっかりシミュレーションしておきたいね」

先生　「収益と費用の金額を使って，利益計画を立てるといいよ。費用を売上に関係なく必要な固定費と売上に応じて必要な変動費に分けて考えるところがポイントだ。収益＝費用（固定費＋変動費）となって，利益がゼロになる損益分岐点を知ることができれば，カフェ経営の計画が立てやすくなるよ」

企業を維持し，さらに発展させていくためには，適正な利益を継続して上げていくことが必要です。あやと陽翔はカフェの経営に向けて利益計画を立てようとしています。利益計画の第一歩は収益と費用が同じ金額になり，利益がゼロになる点，利益と損失が分かれる点である損益分岐点（**図表9－2**）について理解することです。

図表9－2　損益分岐点

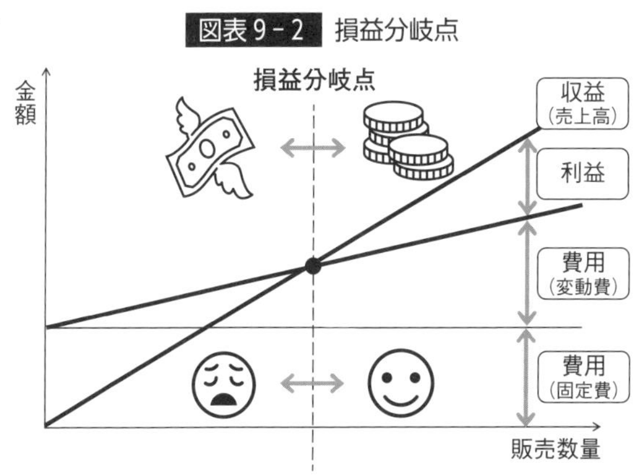

出所：筆者作成

100円で仕入れた商品を200円で販売すれば100円の利益となりますが，１つ販売しただけでは家賃や水道光熱費を支払うと損してしまいます。1,000個，2,000個と売れば，より大きな利益が得られるはずです。商品１個と2,000個のどこかに損もしなければ，利益も出ない損益分岐点があるとすれば，その地点の販売数量が「損益分岐点販売量」となり，その時の売上高が「損益分岐点売上高」となります。

損益分岐点は収益，費用，利益の３つの関係に注目して考えます。利益は収益－費用＝利益で計算します。損益分岐点とは収益－費用＝0，つまり費用と収益の金額が一致して，収益＝費用となる地点を指します。ここでは費用を固定費と変動費に分けて考えます。固定費とは売上高や販売数量に関係なくかかる一定の費用のことです。例えば，店舗や工場の家賃，所有している土地や建物にかかる固定資産税，借入金の支払利息などが該当します。一方で，変動費は売上高や販売数量に応じて比例的に増える費用です。例えば，商品の仕入代金，製品の原材料費や加工費，製品を製造するために必要な水道光熱費などが該当します。よって，損益分岐点における収益は変動費＋固定費と考えることができます。

1か月間の固定費が50,000円のとき，1つ150円（@150円）で仕入れたケーキを1つ350円（@350円）で販売する場合の利益計画について考えてみましょう。ケーキを100個販売した時，売上高（収益）は350円×100個＝35,000円，変動費は150円×100個＝15,000円です。よって，売上高から固定費と変動費を引いた利益は，35,000円－50,000円－15,000円＝－30,000円となり，販売数量100個では費用がかかりすぎて損をしてしまうことがわかりました。では，利益が0円で損も得もしない損益分岐点販売数量（X個）を計算してみましょう。

(@350円×X個)－50,000円－(@150円×X個)＝0円
収益(売上高)－費用(固定費)－費用(変動費)＝利益

$$350X - 50{,}000 - 150X = 0$$
$$350X - 150X = 50{,}000$$
$$200X = 50{,}000$$
$$X = 250$$

収益＝費用となる損益分岐点販売数量は250個と算出できました。よって，損益分岐点売上高は250個×350円＝87,500円となります。損益分岐点は利益計画の土台となります。目標とする利益額を設定してから，達成に必要な販売数量や売上高を計算することもできます。例えば，上記の設定で目標利益額100,000円を達成する販売数量（X個）を計算してみましょう。

$$(@350円 \times X個) - 50{,}000円 - (@150円 \times X個) = 100{,}000円$$
$$350X - 50{,}000 - 150X = 100{,}000$$
$$350X - 150X = 100{,}000 + 50{,}000$$
$$200X = 150{,}000$$
$$X = 750$$

100,000円の利益を得るために必要な販売数量は750個，売上高にすると750個×350円＝262,500円です。もし750個の販売を達成できなかったとしても，損益分岐点である250個さえ下回らなければ損はしません。例えば，450個を販売したとしましょう。売上高は450個×350円＝157,500円です。損益分岐点売上高と現在の売上高の差額は157,500円－87,500円＝70,000円です。損益分岐点から見て，70,000円分の余裕があると言えます。このときの現在の売上高が損益分岐点をどれぐらいの比率で上回っているかを示す安全余裕率は70,000円÷157,500円×100≒44％となります。安全余裕率が高いほど，現在の売上高が損益分岐点を上回っていて，経営に余裕があると言えます。

その他，1つ当たりの販売価格を@350円から@400円に変更した場合，損益分岐点はどのように変化するでしょう。1か月間の固定費を50,000円から30,000円に削減した場合はどうでしょうか。大学祭の模擬店やフリーマーケットへの出店など，経営の規模にかかわらず，収益・費用・利益の構造を把握した上で，様々な状況をシミュレーションしながら，利益計画を立ててみてください。

4　財務会計と財務諸表

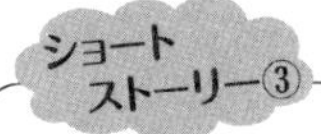

陽翔　「損益分岐点をもとに目標となる販売数量や売上高を設定して利益計画を立てることができるようになったし，安全余裕率を確認しながら，カフェの経営をしていこう」

あや　「気が早いけど，たくさんのお客様に出会えるかと思うとワクワクするわね。でも，さすがに私の貯金だけじゃ足りないわ。お店や設備を揃えて，手伝ってくれる人も雇わないといけなくなると思うの。銀行からお金を借りることはできるかしら？」
陽翔 「銀行からお金を借りるには，何が必要なんだろう？　友達が奨学金を借りているけど，保護者や本人の収入や資産の状況など，書類を提出して，審査を受けたと言っていたよ。カフェも売上や資産の状況を審査されるのかな？」
先生 「それなら，貸借対照表・損益計算書などの決算書について学ぶといいよ。銀行からお金を借りる時には取引を記録した帳簿をもとに，決算書を作って，カフェの経営状態を説明する必要があるんだ。銀行は決算書に記載されている会計情報や事業計画書をもとに貸したお金が確実に返済できるかどうかを審査するんだよ」

銀行や取引先に貸借対照表・損益計算書などの決算書を開示して，カフェの経営状態が良いことを証明すれば，安心して取引をしてもらうことができます。決算書は一般的に貸借対照表，損益計算書，キャッシュフロー計算書，株主資本等変動計算書の４つで構成されています。決算書は財務諸表とも呼ばれますが，なかでも貸借対照表，損益計算書，キャッシュフロー計算書は「財務３表」として，特に重視されています。図表９－３は利害関係者に報告する様式で示した財務３表です。

図表９－３ 財務３表

【貸借対照表】

資産の部	
流動資産	×××
固定資産	×××
資産合計	×××
負債の部	
流動負債	×××
固定負債	×××
負債合計	×××
純資産の部	
資本金	×××
利益剰余金	×××
純資産合計	×××

【損益計算書】

売上高	×××
売上原価	×××
売上総利益	×××
販売費及び一般管理費	×××
営業利益	×××
営業外収益	×××
営業外費用	×××
経常利益	×××
特別利益	×××
特別損失	×××
税引前当期純利益	×××
法人税等	×××
当期純利益	×××

【キャッシュフロー計算書】

営業活動によるキャッシュフロー	×××
投資活動によるキャッシュフロー	×××
財務活動によるキャッシュフロー	×××
現金及び現金同等物の増減額	×××
現金及び現金同等物の期首残高	×××
現金及び現金同等物の期末残高	×××

出所：筆者作成

貸借対照表には資金の運用状態を表わす「資産の部」，資金の調達状態を表わす「負債の部」と「純資産の部」があります。資産の部と負債の部は流動項目と固定項目に分類して表示します。１年以内に現金化される資産を流動資産，１年以内に返済する負債を流動負債とします。現金化や返済に１年以上かかるものは固定項目に分類します。純資産の部の資本金は商売を始めるときに出資したお金です。利益剰余金にはこれまでに稼いできた利益が計上されており，その年の利益である当期純利益もここに含めます。

損益計算書は収益・費用・利益の性質ごとの段階的な利益を表示します。売上総利益は販売価格（売上高）から仕入価格（売上原価）を差し引いて求めます。営業利益は売上総利益から人件費や家賃等の売上を得るために必要な間接的な費用を差し引いた利益です。経常利益は営業利益に投資や資金の貸し借りによる受取利息や支払利息などの営業外の収益と費用を加減して算出します。税引前当期純利益は災害等で損害を被るなどの特別に発生した損益を加減したものです。最後に法人税などの支払うべき税金を除いて，１年間の利益である当期純利益を表示します。

貸借対照表は商売によって出資金を上回る分を当期純利益とし，損益計算書は収益と費用の差額を当期純利益とします。１つひとつの取引を分解して複式簿記で記録し続けて算出される当期純利益は貸借対照表と損益計算書で必ず一致します。

キャッシュフロー計算書とは現金・預金がどれくらい増減したのかを示す書類です。営業活動によるキャッシュフローは売上や仕入に関する現金の流れ，投資活動によるキャッシュフローは工場や株式などへの投資に関する現金の流れ，財務活動によるキャッシュフローは借入や返済などに関するお金の流れを表示します。現金及び現金同等物の期末残高には実際に手元にある現金・預金の額が示されます。損益計算書には利益が計上されており，儲かっているはずなのに，手元には現金がなく，仕入代金が払えなくなり倒産する状況を黒字倒産といいます。これは売上のタイミングと現金が手に入るタイミングがずれてしまうことで起こります。例えば，お客様がクレジットカードでコーヒーやケーキの代金を支払ってくれたとします。売上は販売時に仕訳をして記録しますが，実際に現金を手に入れるにはクレジットカード会社からの入金を待たなければいけません。入金前に現金が必要になった場合，利益はあるのに，現金が足りないという状態が起こる可能性があります。こうした事態を避けるためにキャッシュフロー計算書で資金の動きを把握しておくことも必要です。

すべての企業が同じ簿記会計のルールで決算書を作っているので，他社との比較も可能です。財務３表をもとに企業の収益性，生産性，安全性，成長性など，分野ごとに数値化し，業種や業界ごとの標準値やライバルと比較検討することで，課題や問題点を発見し，今後の経営戦略に活かすことができます。過去数年分の数値の推移を調べることで，将来の予測に活用することもできます。決算書を活用すれば，就職先や投資先企業の将来性を判断することも可能です。

5　おわりに

本章では「あやがオープンを目指すカフェ」を題材に取引を数値で測定する簿記，経営者が利益計画を立てるための損益分岐点，測定した数値を外部の関係者に伝達する財務諸表をみてきました。

会計の基本ルールは共通ですが，企業規模や活動内容によって，会計情報の開示方法や目的が異なります。証券取引所に株式を公開している上場企業であれば有価証券報告書を作成し，決算書の他にも，企業の概要や事業，設備の状況を公開しています。子会社や関連会社などと一緒にグループを形成して活動している企業であれば連結財務諸表を，国際的に活躍する企業であれば世界標準の国際財務報告基準に従った財務諸表を作成することもあります。その他，会計情報の開示範囲が少ない中小企業には税務署に報告する法人税を中心とした会計があり，学校法人や医療法人などの営利を目的としない組織のための会計もあります。様々な組織の会計に触れてみてください。

簿記・会計の学びは簿記検定，ビジネス会計検定，ファイナンシャル・プランニング技能検定（FP），国際会計検定（BATIC），中小企業診断士，税理士，公認会計士などの資格に直結しています。資格の取得は一定の知識が身についていることを証明してくれると同時に，自分に自信を与えてくれたり，人生に選択肢を増やしてくれたりします。ぜひ挑戦してみてください。

さらに学習したい人のために

- 大手町のランダムウォーカー（2020）『会計クイズを解くだけで財務３表がわかる 世界一楽しい決算書の読み方』KADOKAWA。

　会計クイズとともに財務３表を学ぶことができます。登場人物の会話やイラストが目をひきます。身近な企業の会計関連情報をもとに経営戦略についても知ることができます。

- 國貞克則（2021）『新版　財務３表一体理解法』朝日新書。

　財務３表の基礎知識から読み解き方までを学ぶことができます。様々な取引事例をもとに財務３表に与える影響を確認します。複式簿記の一連の流れを含め，会計の全体像がつかめます。

- 谷武幸・桜井久勝・北川教央編著（2021）『１からの会計〔第２版〕』碩学舎。

　会計の役割・制度から財務分析まで幅広く学べる入門書です。身近な企業の事例やケースを用いた解説を通して，財務会計と管理会計の両方をわかりやすく学ぶことができます。

◆コラム◆ 簿記会計の知識を活かしたキャリア

「将来は事務の仕事に就きたいので簿記の勉強を頑張ります」「簿記の資格をとって経理の仕事をしたいです」と話してくれる高校生や大学生がたくさんいます。皆さんは事務・経理の仕事を正しくイメージできているでしょうか。事務や経理の仕事をするために必要な能力について，そして簿記会計の知識を活かしたキャリアについて考えてみましょう。

一般的に事務の仕事とは，企業内でパソコンを使用してデータを入力したり，社内外で必要な書類の作成・処理・整理をしたり，郵便物の仕分け・発送や電話対応・来客対応をしたりと，広範囲にわたる業務を行う人を指します。仕事の幅が広いため，働く会社や部署によって内容が大きく異なる場合があります。顧客情報の入力だけを行う事務の仕事もあれば，営業・人事・労務・経理，総務などの専門性の高い事務作業を幅広く担当する場合もあります。

経理の仕事はお金の出入りを記録し，儲けや損を把握した上で，経営者の意思決定に必要な情報を提供するという役割を担っています。取引内容を理解し，法律に照らしてその取引を正しく記録する方法を検討したり，取引の結果を分析したりします。取引について他の部署から相談を受けることもあります。経理の仕事も会社の規模や業種によって内容が異なります。大企業では各部署に業務を細分化していることもありますが，中小企業では多くの業務を経理部が請け負っていることもあります。さらに規模の小さい企業では会計事務所に経理業務を委託することもあります。

このように，事務・経理の仕事は，関係する各部署，役員や経営者，上司，同僚，取引先，銀行，税理士・会計士，親会社，子会社など様々な立場の人々と連携して業務を進めることになります。人と関わりながら業務を進めるコミュニケーション能力が欠かせません。

企業内ではコロナ禍を契機にますます業務のペーパーレス化が進んでいます。ペーパーレス化とは，紙の書類を電子化することで業務の効率化やコスト削減を図る取り組みのことです。稟議書や交通費などのオンライン決済，請求書・領収証のデジタル化などを導入することで，紙を人から人へ渡したり，保管したりする費用や時間を削減して，業務の効率化を目指します。

ICT（情報通信技術）の活用が進めば利便性は高まりますが，インターネットを活用する限り，セキュリティに対する課題がつきまといます。サイバー攻撃や情報漏洩などのリスクに対処し続ける必要が出てきます。ICTを便利に安全に活用するには相応の知識が必要なのです。また，機材やシステムの導入，ネットワーク環境の維持にはコストがかかります。個人でも，スマートフォンやパソコン，インターネット，セキュリティなどのICT環境の整備と維持には費用がかかりますが，企業であればさらに多くの負担が発生します。新しいシステムやツールを導入するには社員への教育や研修も必要になるからです。費用対効果を見極めて，ICT化を進めることが重要になります。

ICTやAI（人工知能）の活用によって，事務と経理の業務量は減っていくことが予想されますが，人にしかできない仕事は必ずあります。これからの事務や経理の仕事に求められるのは，企業経営に関する知識を総合的に活かし，周囲と協力しながら，自ら考えて行動できる能力です。

大手前大学経営学部の産学連携PBL授業では，企業の様々な環境で事務と経理に携わっている人から，業務内容を聞いてみましょう。多種多様な仕事があることに気づくことができます。同時に，簿記会計の知識が企業で働く時のどのような場面で，どんな風に活かされているのか，確かめてみましょう。そして，経理と事務の現状を学んだ上で，今後，必要とされる人材や知識について考えてみましょう。

第10章 ファイナンス

1 はじめに

経営学分野の中で会計が利益概念を中心とするのに対して，ファイナンスはキャッシュフロー（現金の流れ）という概念をキーワードとし，企業がどのように資金を調達し，それを何に運用するかを扱います。

まず，このような例を想像してみましょう。あなたは，大学在学中にカフェでアルバイトをする中でその事業に興味がわき，将来自分で開業したいと考えるようになりました。開業資金を貯めるため卒業後は一般の事業会社に就職し，3年で200万円の貯金ができました。

そこでカフェの開業資金を詳細に検討したところ，1000万円の資金が必要という結果となりました。貯金200万円では足らず，不足する資金800万円を親や知人あるいは金融機関から借りることができないと開業ができません。

金額も大きいため金融機関に借入の相談をし，何度も事業計画を見直し，借入金の返済が十分に見込まれる事業計画を提出したところ，借入800万円の融資の承認が取れました。

そこで，自己資金200万円で株式会社を設立し，その会社が資金800万円を金融機関から借り，事業をスタートすることになりました。

このように自分が保有する資金をどの程度事業に出資をし，不足する資金を誰からどれだけの金額をどのような条件（返済期間，金利等）で借りるかを検討すること，これが資金調達です。

仮に，あなたが事業計画を検討する中で，その計画上予定される利回りが元本保証された金融機関の定期預金と同じ0.2％の利回りであれば，貯金した200万円を元本保証がないカフェ事業にあなたは投資をしないでしょう。

事業計画を詳細に検討した結果，投資額200万円に対する10年間の平均利回りが目標を超える見込みとなり，あなたは貯金200万円をカフェ事業に投資をすることを最終決断しました。このような投資の検討が資金運用になります。

2　キャッシュフロー

ショートストーリー①

陽翔　「そろそろ進路を真面目に考える時期なんだけど，全然イメージができない。あやは大学を卒業したらどんな仕事をしようと考えているの？」
あや　「いったん，どこかで働いて貯金が200万円できたらカフェを開業しようと考えている。だから，カフェの全国チェーン店でアルバイトをして勉強している」
陽翔　「すごいね。どんな仕事をしているの？」
あや　「レジ係とオーダーされたコーヒーやカフェオレ等作ってお客さんに出している。全部マニュアルがあるので楽だけど，お昼とか休日はお客さんが多いので大変だよ」
陽翔　「じゃあ，その全国チェーンの店を出すの？」
あや　「自分で設計した店を出すつもり」
陽翔　「場所はどんなところ？」
あや　「大学近くの人通りの多い駅近の１階かな」
陽翔　「家賃は高そうだね」
あや　「10坪で20万円ぐらいなの」
陽翔　「その家賃を払うにはコーヒーだと何杯売るの？」
あや　「１杯400円として月500杯。だけどコーヒーの豆代や人件費とかもいるので，その３倍は必要なんだ。だから月1,500杯。30日の営業とすると，１日50杯になる」
陽翔　「最低必要な売上の計算ができているんだ」
あや　「授業で簿記と会計学を勉強したからね。ただ，資金は自信がない」
先生　「カフェを開くつもりなら，キャッシュフローを勉強しておくといいよ」

キャッシュフロー（cash flow）とは，現金の入りと出の流れをいいます。事業をスタートする時，事業を成長させるための投資をする際など，経営のすべての局面においてキャッシュは必要です。

キャッシュフローを理解する上では株式会社の仕組みの理解が必要です。世界最初の株式会社は1602年に設立された東インド会社です。当時，胡椒などの香辛料は貴重品でした。東アジアから中東，地中海を経由して欧州まで運んでいましたので，その間の経費が加算され高価なものになりました。

もし船を作り，直接，東アジアまで航海し現地から直接仕入をして持ち帰ることができれば，高価なものだけに多額の儲けが見込まれました。当時は今と違い台風等で沈没したり，海賊に襲われたりすることもある命がけの航海でした。利益は欲しいが命も惜しい。そこでお金を出す人と航海をして香辛料を持って帰る人との分業になりました。

まず，出資者を募集しその資金で船を作ります。無事に航海から帰ると香辛料を売りお金をもらい，乗組員に給料を払い残余のお金を出資者に分配します。これが出資から分配までのキャッシュの流れになります。

一方，出資した船（仮に９億円とします）が遭難し戻ってこなければ，出資者は投資をしたお金の全額を失います。そこで，１隻だけに投資するのではなく３隻に３億円ずつ分散投資をして儲けの確実性を高めるという考え方が出てきました。

では，あやと陽翔のショートストーリーに戻ります。二人に欠けている点はどのようなことでしょうか。あやが社会人になって働いて貯めた200万円では開業はできません。カフェ開業のため駅近のビルを借りようとすると，家賃とは別に通常，保証金が発生します。また，厨房機器の据え付け，内装の工事，テーブルや椅子の備品の購入等，開業の段階でお金が必要となります。詳細に検討すると保証金が200万円，内装工事で400万円，調理器具や備品で200万円，合計800万円程度の資金が必要です。

陽翔の父親は，食品の輸入販売をしている経営者なので，二人でカフェ開業の相談に行きました。

「事業をスタートして，軌道に乗るまではお金が不足することもあるので，貯金200万円はそのまま手元に残して，開業時に必要な資金800万円を全額を金融機関の創業支援の制度を利用して借りた方が資金繰りが安定する事業計画になる」とのアドバイスを受け，10年間のキャッシュの出入り（キャッシュフロー）の計画作成までを手伝ってもらい，200万円の出資で会社を設立し，10年後には現金が2300万円まで増加する計画が完成しました。

事業計画のキャッシュフローを内容により区分すると次のようになります。

①　営業キャッシュフロー

1年目から10年目までのカフェの売上収入合計が2億2300万円，一方コーヒーの豆代，人件費，家賃，水道光熱費等の支出の合計が1億9600万円となり，その差額が2700万円（2億2300万円－1億9600万円）となりました。これは，カフェの営業活動により発生した収入と支出の差額であり，営業キャッシュフローに該当します。この場合は，営業キャッシュフローが2700万円のプラスになっていますが，仮にこの金額が10年合計でマイナスとなれば営業活動の収入を上回る支出があることになり，事業が成り立たないことになり，事業計画の再検討が必要です。

②　投資キャッシュフロー

保証金が200万円，内装工事で400万円，調理器具・備品で200万円，合計800万円をカフェの開業時に投資しますので，投資キャッシュフローになります。資金が出ますので，マイナス表示（△）をします。このカフェの事例では該当しませんが，過去投資をした資産（有価証券，不動産等）を売却した場合は，キャッシュの増加になりますので，プラスの表示となります。

③　財務キャッシュフロー

会社設立時に200万円を資本，金融機関からは資金を800万円借り合計1000万円の資金を調達しますが，計画上10年間で600万円を返済しますので，差額400万円（資金調達額1000万円－返済額600万円）が財務キャッシュフローになります。一方，出資や借入等の資金の調達額よりも返済が大きい場合，財務キャッシュフローはマイナスになります。

また，営業キャッシュフロー2700万円に投資キャッシュフロー△800万円を加算したキャッシュフロー1900万円は，フリーキャッシュフローと定義され，企業が自由に使えるお金を意味します。

このキャッシュフローは，営業キャッシュフローを上回る投資を実施した

図表10－1 キャッシュフロー分析

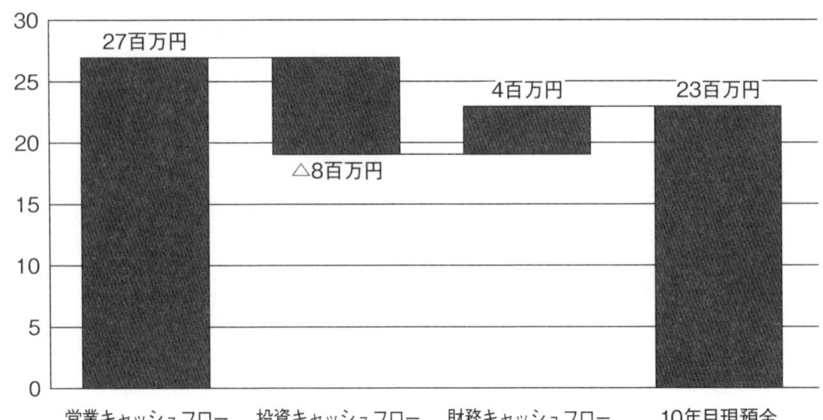

出所：筆者作成

場合は，一時的にマイナスになることがありますが，長期間継続してマイナスが見込まれる場合は事業計画の見直しが必要になります。

フリーキャッシュフロー1900万円に財務キャッシュフロー400万円を加算すると10年後の現預金は2300万円になります。

3 現在価値

ショートストーリー②

あや 「今日の100万円と５年後に100万円をもらう権利だと，どちらを選ぶ？」

陽翔 「今もらったら車が欲しいので全部使ってしまうよ」

あや 「それだと５年先の方がいいかも」

陽翔 「車を持つとガソリン代もかかるし，維持するのが大変だ」

あや 「私は今日の100万円を当然選ぶよ。５年後確実に100万円もらえる保証がないし，100万円もらって毎年５％の運用ができたら125万円になっている可能性があるもの」

陽翔 「定期預金にするのか？」

あや 「うん」

陽翔 「金融機関の定期預金の場合は元金の保証はあるけど金利は0.2％だよ」

あや 「え，そんなに低いの。１年後に2,000円じゃない」

陽翔 「税金を引かれるから手取りは1,590円になる」

あや　「100万円の投資をして400円のコーヒー４杯分なのね」
陽翔　「コーヒー付きのランチのセットを食べると１回分だ」
あや　「定期預金では儲からないね。もし，カフェに投資をしたら５％ぐらいの利回りになるかな」
先生　「投資利回りを計算する際は，将来のキャッシュフローを現在価値に割り引いて考えるべきですよ」

今，手元に100万円あります。自宅の金庫で保管し，運用することに興味がなければファイナンスの理論は不要です。この現金を使って元金保証のある商品で年５％の利回りで運用できたとします。５年後，単利で運用すると125万円，複利で運用すると128万円になります。単利では毎年の利益をそのまま受け取りその金額を元金に入れず再投資しません。一方，複利の場合は，受け取った利益を元金に組み入れ再投資します。ファイナンスの世界では複利を前提に考えます。

５年後の価値これを将来価値といいますが，100万円を５％の複利で運用すると128万円となります。５％の複利で運用して５年後128万円となったのですから，同じ５％で割り引けば，今の価値，つまり現在価値は100万円となります。

$$\text{将来価値} = 100\text{万円} \times (1 + 0.05)^5 = 128\text{万円}$$

$$\text{現在価値} = 128\text{万円} \div (1 + 0.05)^5 = 100\text{万円}$$

この現在価値の考え方はファイナンスの世界では重要な概念になります。特に，投資の意思決定，つまり，投資をするか否かの場合，現在価値で有利か不利かを判定します。なぜ，現在価値なのかと言いますと，今，現在で有利不利を判断するからです。

将来のキャッシュフローを現在価値にする際に利用するのが割引率です。定期預金の金利0.2％で割り引くのと，10％で割り引くのでは５年後の100万円の現在価値は大きく異なることになります。計算すると0.2％では99万円，

10%では62万円となります。

では，割引率とは何なのでしょうか。投資をする人が期待する収益率に等しくなります。安全第一で元金の保証がある商品であれば，収益率は低いです。典型的なローリスク，ローリターンです。一方，事業に投資する場合は定期預金で運用するよりも期待する収益が高くないと元金保証のない事業をする意味がありません。したがって，事業に投資する場合は通常５％程度以上の期待収益は求められます。その投資には元金が保証される定期預金よりもリスクが高いからです。

では事例を利用して，理解を深めましょう。

(事例)

先ほどのカフェの事業計画を基礎に現在価値を考えます。10年間の営業キャッシュフローが2700万円，投資キャッシュフローが△800万円ですので，フローキャッシュフローが10年間で1900万円（営業キャッシュフロー2700万円＋投資キャッシュフロー△800万円）となります。

フリーキャッシュフローの利払前内訳は，１年目が△800万円，２年目が200万円，３年目が400万円，４年目から10年目の各年300万円とし，11年目以降は，厨房機器，備品等の再投資も考慮し，毎年200万円のフリーキャッシュフローが永続し，保証金200万円は退去時の原状回復費用200万円に全額充当する前提とします。割引率を１％から10％まで変化させた場合の現在価値は，次のようになります。

割引率が１％で１億9900万円の現在価値，それが10%となると1600万円となり，約12倍の差になります。あやの場合５％以上の利回りの期待があるので仮に５％の割引率を利用して現在価値を算定すると3700万円になります。

現在価値は3700万円のプラスとなっていますので投資は可能という判断になりました。陽翔と相談し，算定結果に間違いがないかどうか，陽翔のお父さんに相談しました。

「あやさんの考えるカフェはあなたが自己のお金を投資し，自分で経営するので自分が満足できる利回りであれば問題はないでしょう。仮に，私が自分のお金を投資すると考えると，カフェの経営の実績がないリスクを１％上

図表10－2 割引率と現在価値

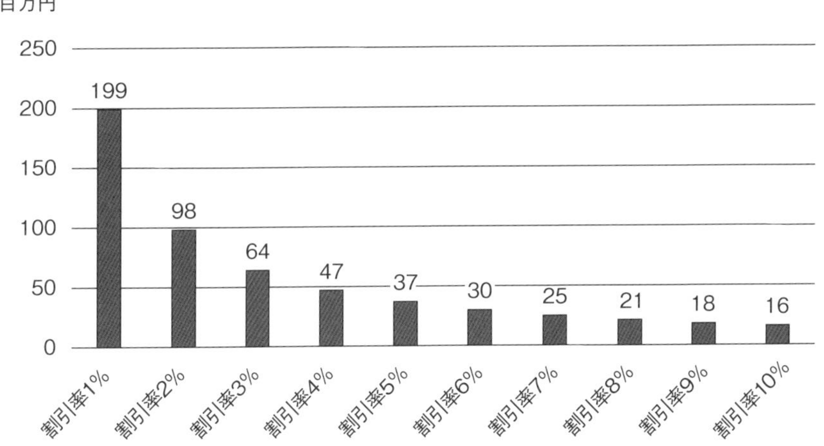

出所：筆者作成

乗せして割引率６％以上で考えるので６％だと現在価値は3000万円になる」と陽翔のお父さんは，あやよりも厳しい見方をしました。割引率は，投資する人の期待収益率ですので投資する人によって異なることがあります。

4　企業価値

ショート
ストーリー③

あや　「アルバイトで10万円貯金ができたんだ。株式に投資しようと思うけどどうかな？」

陽翔　「銘柄の調査が必要だよ。カフェの開業を考えているのであれば，カフェで上場している会社を検討したら？」

あや　「そうだよね。上場企業であれば業績はすべて公開されているし，財務データの分析ができる。ちょうど，授業で財務分析を習ったばかりだ」

陽翔　「決算の業績を比較してみたらどうだった？」

あや　「それぞれ規模や利益額も違っていたので，発行している株式数で割って一株当たりの利益，純資産などを比較してみた。一株当たり利益や一株当たり純資産の倍率も見てみると，株価が割高な会社と割安な会社もあった」

陽翔　「じゃあ，割安な会社の株式を買ったら儲かるんじゃないの？」

先生　「割安な会社は過去の財務情報以外の別な要素で株価が安い可能性があります。アメリカのテスラとトヨタ自動車の株価を比較すると，トヨタ自動車の方がテスラの業績を上回っているのに時価総額はテスラの方が高い。これは株式投資をする人の将来の成長期待値を含んで株価が決まっていると推定できますよ」

企業の価値は，技術，人材，設備，製品，資金等，様々な切り口で評価されます。経営者の能力，人材の数および質，ノウハウの質と量，営業上の秘訣，会社の信用力，知名度等の「のれん」の価値など，財務数値以外の要素もあれば，会社の総資産および純資産，収益力，成長率等の財務数値で評価される場合もあります。

企業の価値はファイナンスの世界では，非財務的要素も長期的には財務数値に反映されると考えます。企業価値から負債価値を控除すると株主価値が算出されます。その株主価値を発行している株式数で割ると一株当たりの株価になります。

企業価値の計算方法には，様々な手法があります。

コストアプローチは，保有する資産，負債に着目する方法です。具体的には，貸借対照表の純資産を基準として算定しますので，ネットアセットアプローチとも呼ばれます。

インカムアプローチは，企業の将来的な収益力に着目し，企業価値を算定する方法です。具体的には，将来のキャッシュフローを基礎として算出するDCF（ディスカウント・キャッシュフロー）法，将来の利益を基礎として算出する収益還元法，将来の配当を基準として算出する配当還元法があります。

マーケットアプローチは，同業他社や上場企業との類似会社と比較して相対的に企業価値を算定する方法，類似の業種と比較する方法があります。上場企業の場合は，マーケットの株価を基礎として算出します。

企業価値の計算で最も多く用いられるDCF法について説明します。この方法は，企業あるいは事業の生み出す将来のフリーキャッシュフローを将来のリスク等反映した割引率で現在価値を算定し，それを理論価格とする方法です。

株主価値は，次のように算定します。

株主価値＝企業価値（事業価値＋非事業用資産）－負債価値

図表10－3　株主価値の構造

非事業用資産　200万円	負債価値　800万円
事業価値　3000万円	株主価値　2400万円

出所：筆者作成

事業価値は，将来のフリーキャッシュフローの合計額の現在価値になります。非事業用資産には事業には直接関係ない資産，具体的には余剰の現預金，運用している有価証券，遊休不動産などが該当します。負債価値とは，外部から調達した資本のうち返済義務のあるものになります。通常は，金融機関からの借入金，社債等が該当します。

企業価値の算定においてはどのような割引率を使うのでしょうか。企業は株主の持分である株主資本と金融機関等の借入である負債資本を財務の状況に応じて調達して事業を行っています。株主および金融機関の期待利回りを算定し，各資本の持分の時価の割合でミックスさせた期待利回りを加重平均資本コスト（Weighted Average Cost of Capital）と呼び，DCF法では通常，割引率として利用します。

仮に株主に支払うコストが８％，株式の時価が1600万円，金融機関に支払うコスト（金利）が２％（金利３％の税効果33.58％考慮後）で負債の価値が800万円とすると，次のように計算します。

加重平均資本コスト＝株主資本コスト（８％×1600万円/(1600万円＋800万円))＋負債コスト（２％×800万円/(1600万円＋800万円))＝6.0％

なお，金融機関に支払うコストつまり金利は，税金の計算上損金に計上でき，その分税金のキャッシュアウトを防ぐことができますので，その効果つまり節税効果を考慮して計算します。

株主に支払うコストは投資家から見れば期待収益率になります。この期待収益率は最初の資本を提供する「あや」がどの程度の収益を期待するかにより決まります。

事例に当てはめると，フリーキャッシュフロー，１年目が△800万円，２年目が200万円，３年目が400万円，４年目から10年目の各年300万円とし，11年目以降は，厨房機器，備品等の再投資も考慮し，毎年200万円のフリーキャッシュフローが永続する計画です。

このキャッシュフローを６％で割り引き，現在価値を簡便に計算すると3000万円となり，これが事業の価値となります。事業の価値に当初の出資金200万円は資金繰りに困ったときに余裕資金として考えていますので，非事業用資産としてこれを加算し，事業スタート時の金融機関借入金800万円を控除すると，株主価値は3000万円＋200万円－800万円＝2400万円になります。

あやは陽翔のお父さんをアドバイスのお礼を兼ねて訪ねました。「よくできた事業計画だね」と褒めてもらいました。将来，200万円で設立した会社が軌道に乗ったら2400万円で買ってもいいという申し出が陽翔のお父からあります。あやは2400万円で陽翔のお父さんに会社を売却できたら，そのお金で海外のビジネススクールに留学しMBAの取得を目指してもいいと思っています。

一方，陽翔は父から，あやさんのカフェを買収したらカフェの店長をする気がないか打診があります。「悪くないな」と思いながら，あやが立てた事業計画を上回るキャッシュフローを計上すれば，別な企業に2400万円より高く売れるので，かぜんやる気が出てきました。

5　おわりに

この章ではファイナンスで重要な概念であるキャッシュフロー，現在価値，企業価値の３つを取り扱い，カフェのモデルを使って解説しました。

この３つの概念を利用すればカフェのような投資から，何兆円という大型の投資（設備投資やM&A）をすべきか否かの判断までできます。規模の大小は本質的には関係ありません。

ただ，ファイナンスは会計情報をキャッシュフローに変換して考えますので，会計の基本的な知識，特に，損益計算書，貸借対照表，キャッシュフロー計算書等の基本的な理解がないと十分な理解ができないことになります。

また，ファイナンスの教科書の事例や上場企業の公開データを利用して事業価値や株価を算定してみること，トヨタ自動車とテスラのように同じ業種の財務データと株価を比較し，財務データと株価が必ずしも比例関係にない理由を考えることはファイナンスの理解を深めることになります。

なお，今回は資金を債券や株式で運用することは扱っておりません。実際に，小さな金額でもいいので，貯金を使って投資信託や株式に投資をしてみると，実務上でどのような知識が必要か明確になりファイナンスに興味がわき，身近な存在になります。

◆主要参考文献

- 石野雄一（2022）『増補改訂版　道具としてのファイナンス』日本実業出版社。
- グロービス経営大学院編著（2009）『新版グロービスMBAファイナンス』ダイヤモンド社。
- 榊原茂樹・岡田克彦編著（2012）『1からのファイナンス』碩学舎。
- 森生明（2016）『バリュエーションの教科書』東洋経済新報社。
- Business Train（株式会社ノート）（2022）『小さなカフェのはじめ方』河出書房新社。

さらに学びたい人のために

- 石野雄一（2022）『増補改訂版　道具としてのファイナンス』日本実業出版社。

ファイナンスの初学者のために書かれた本です。著者が勤務した日産自動車の経験が含まれた実践的な本であり，エクセルを利用しながら，実際に数値を計算することにより理解が深まります。

- グロービス経営大学院編著（2009）『新版グロービスMBAファイナンス』ダイヤモンド社。

ファイナンスの基本，応用までバランスよく各章が構成されています。この章で説明したキャッシュフロー，現在価値，企業価値，この章で触れていないリスクとリターン，財務政策を学べば理解が深まります。

- 森生明（2016）『バリュエーションの教科書』東洋経済新報社。

企業価値の算定（バリュエーション）は，上級編に位置します。企業の価値は財務諸表にどう表れるのか，DCF法による企業価値評価の際に必要なキャッシュフロー，資本コストを実際の事例を通して学べます。

第Ⅲ部 経営戦略と会計の扉

◆コラム◆ 設備投資とM&A

株式会社はその成り立ちから，出資者である株主に投資から出る利益を分配する仕組みの永続が前提になっています。事業活動の利益あるいはキャッシュフローを借入金に先に充当し残余をすべて株主に分配するでしょうか。

どの企業にも同じ事業を営むライバル企業が存在します。日本になくても海外にあります。各企業は競争に勝つために，常に新しい投資を必要としており，通常，将来の投資のために資金を内部留保し残余を株主に分配します。

投資の主なものには，設備投資と企業買収による投資があります。どちらも企業の成長を継続するために必要なものです。

設備投資はモノです。それはいずれ，寿命が来て使えなくなります。先ほどのカフェの例では内装工事で400万円，調理器具・備品で200万円，合計600万円が設備投資に該当します。内装工事は20年，調理器具・備品は６年で通常，再投資をします。カフェを永続させるには，一定期間経過後，儲けたお金の留保分あるいは金融機関からの借入金や増資の資金を元手に再投資が必要になります。

一方，カフェを開業して５年目に内装や備品も新しい別なカフェがすぐ近くにオープンし，今までのお客の一部がそちらに流れ出したとします。その競争に勝つために，６年目に内装工事と調理器具を更新することが必要となる局面もあります。

お客の流れた原因が価格，つまり，自分のカフェより平均50円安いためであると分析できたのであれば，内装や調理器具・備品はそのままにしておいて，同じ値段まで値下げする方法も考えられます。

前のカフェの事例で，陽翔のお父さんはあやの始めたカフェを買収する申し出をしました。これをM&Aと呼びます。「Mergers（合併）and acquisitions（買収）」の略で，「企業の合併・買収」のことです。この事例の場合は，acquisitions（買収）に該当します。

なぜ，陽翔のお父さんは買収の申し出をしたのでしょうか。お父さんは食品の輸入販売をする商社を経営しておりカフェの経験はありません。

ゼロから，自分で事業を開始しようとすると，あやのようにカフェのアルバイトをしながら，勉強をし経験を積むことなどが必要になります。でも陽翔のお父さんはその時間がありません。そこで，食品輸入販売で儲けた過去の貯金であやが起業するカフェを買収すればその時間を買えます。また，陽翔を店長にすることにより，将来の経営者としての経験を積ませることもできます。さらに，経営する商社で輸入したコーヒー豆を買収したカフェに販売することもでき，将来，このカフェが多店舗展開できれば，コーヒー豆の新たな販売先が拡大します。

買収による具体的な効果を検討すると次のようになりました。

カフェでは，同じコーヒー豆を従来より15円だけ安く仕入することができます。また，陽翔のお父さんの会社では，コーヒー豆の新しい販売先ができました。

1日当たりの利益を比較すると以下のようになります。

（買収前）売価400円×40杯－コーヒー豆代120円×40杯＝11,200円

（買収後）売価400円×40杯－コーヒー豆代105円×40杯＝11,800円

陽翔のお父さんの会社：売価105円×40杯－コーヒー豆仕入値95円×40杯＝400円

合計利益は，11,800＋400＝12,200円

買収前と買収後を比較すると，12,200円－11,200円＝1,000円が買収に伴う追加効果となり，これをシナジー効果（単純な合算を上回る効果）と呼びます。もし，陽翔のお父さんの会社がコーヒー豆の輸入販売をしていなければこの効果は発現しないことになります。

経営学漫画⑤ ジレットモデル

①

②

③

④

ジレットモデル

プリンターの本体は安いのに、インクなどの消耗品が高くついたという経験があると思います。このように、本体は安くして多くの人に買ってもらい、消耗品で利益を上げるビジネスモデルのことをジレットモデルと呼びます。
髭剃りメーカー「ジレット社」が本体と替え刃の売り方として考案したことが由来です。

© 水嶋伊梨愛/大手前大学 マンガ制作専攻

経営学漫画⑥　損益計算書

①

②

③

④

損益計算書

賃借対照表、損益計算書、キャッシュフロー計算書で構成される「財務3表」のうち、一定期間における会社の営業成績を示す報告書が損益計算書です。決算時に収益から費用を差し引いた利益を知るための書類なので、会社が費用を何に使って、どれだけ売上が上がり、どれくらい儲かったか、を読み取ることができます。

第Ⅳ部

いきいきキャリアの扉

第11章 キャリアデザイン：個人，組織，社会の視点から働くことを考える

1　はじめに

「世の中の役に立つ仕事がしたい」，「30歳までには結婚して自分の家族を持ちたい」，「趣味の時間を大事にしながら働きたい」など，この本を読んでいる皆さんも一度は自分の将来について思いを巡らせたことがあるでしょう。皆さんが社会に出て仕事を始めると，働く時間は生活の一定の割合を占めることになります。したがって働くことにまつわる将来設計を考えることは，人生を充実させるためにとても重要なことだと言えるでしょう。

本章で紹介するキャリア論は，「組織の目的を達成するために人をいかに活用するかを定める」人的資源管理（human resource management）の分野に組み込まれています。人的資源管理の分野では，管理する組織と，管理される個人が，共に組織の目標を達成することを目指します。しかし管理するのも，されるのも人である以上，そこには意思や欲求といった単純には割り切ることができない，「人の心」が見え隠れします。このようなことから，キャリア論は人の心と組織目標のバランスを扱うユニークな学問と言えます。

この章ではまず，「キャリア（career）」とは何かについて考えた上で，働く時間を充実させるために，ライフスタイルや関心の変化に合わせて積極的に働き方を設計する「キャリアデザイン（career design）」について概観します。

2 キャリアは仕事を含めた人生全体を描くためにある

ショートストーリー①

あや 「卒業したら陽翔はお父さんの会社を継ぐんだっけ？」

陽翔 「うーん，継ぎたくないわけじゃないけど，絶対でもないかな。最初の仕事はもっと自由に興味のあることをやってみたいから就活はするつもり」

あや 「自分の興味あることって，例えば？」

陽翔 「それは…今考えてるところ」

あや 「就職ってなんとなく，その後の人生が決まっちゃう感じがして怖いような気がするのよね」

陽翔 「うん，それはちょっとわかる気がするな」

先生 「『仕事を考えることは人生を考えること』あやの言う通りだね。でも不安に思うのは君だけではないよ。だからこそ仕事人生について考える『キャリアデザイン』という学問があるのだよ」

あや 「デザイン？　仕事をデザインするということですか？」

先生 「そう，それも１つ。しかし，この学問でデザインをするのは仕事だけではなくて，仕事を中心とした人生全体を自ら設計していくことを扱う学問なのだよ」

あや 「でも…就活中の私たちが仕事人生を考えるのって早すぎませんか？正直自分の夢すらよくわからないし。でも，とにかく失敗はしたくないし，将来を見通せたら良いなとは思うけど」

先生 「キャリアというのはだね，就職活動や，履歴書に書くような経歴の一覧をイメージしがちだけれど，もっと広い意味では『仕事をする上での自分なりのテーマを見つける』ことが大事なんだよ。だから考えるのに早すぎるなんてことはないし，特別な人の問題ではなくて，誰もが繰り返し考える問題なんだ。それから，今あやは『失敗したくない』と言ったけれど，それも自分なりのテーマから見て評価することが大切なのだよ」

陽翔 「自分なりのテーマ？　それってどこから考えたら良いんですか？」

先生 「それでは一緒に，まずはキャリアとは何なのか，から考えてみようか」

(1) キャリアの定義

「仕事人生を有意義なものするために大切なことは何か」それを題材にするのが「キャリア」と呼ばれる研究領域です。わが国のキャリア研究の第一人者である金井壽宏はキャリアの定義について，「成人になってフルタイムで働き始めて以降，生活ないし人生全体を基盤にして繰り広げられる長期的な仕事生活における具体的な職務・職種・職能での諸経験の連続と，節目での選択が生み出していく懐古的意味付けと将来構想・展望パターン」としました。難しく聞こえますが，要するにキャリアは仕事だけの問題ではなく，仕事を含めた生活や人生全体を何度も振り返りながら未来を描いていくものであるととらえているところに特徴があります。またアメリカの心理学者であり，組織におけるキャリア研究の第一人者であるダグラス・ホール（Douglas Hall）は，キャリアを「人生を通した学びのサイクル」ととらえ，次のようなことが重要だと述べています。

① キャリアには成功も失敗もなく，昇進の早い，遅いを指すものでもない。
② キャリアの成功や失敗は，キャリアを歩んでいる本人が認識するものであり，他の関係者が決めるものではない。
③ キャリアは，価値観やモチベーションといった「主観的な側面」と，職務の選択といった「客観的な側面」との両方からとらえる必要がある。
④ キャリアとはプロセスであり，仕事に関する経験の連続である。

これらの定義からわかるように，キャリアは仕事や職位など客観的な評価要素だけで成り立つものではなく，仕事人生におけるあらゆる経験と，そこから繰り返し得られる学びや喜びなど主観的な要素を含めた幅広い意味を持っているのです。特に近年は，多様な働き方を推進する動きが広がり，働く個々人が自ら責任を持ってキャリアを形成することへの関心が高まっています。

⑵ キャリアの成功は本人にしか決められない

先の定義で述べたように，ホールは「キャリアには成功も失敗もない」としました。これはキャリアに「良いキャリア」や「悪いキャリア」があるわけではなく，キャリアそのものに成功や失敗が含まれるのではないことが前提とされています。第三者がそれを失敗と評価したとしても，キャリアを歩む本人が「自分らしく生きられている」と感じられるかが最も重要な点なのです。例えば2019年ラグビーワールドカップで活躍した福岡堅樹元日本代表は，2020年に引退し，医師を志して進学をしたことが話題となりました。日本代表選手に選出され史上初の８強入りに貢献する成績を残した彼の引退を「惜しい」感じる人も少なくなかったようです。しかし福岡氏本人は引退に際し「後悔しない人生を生きたいから」と語り，合宿に参加していた時間を勉強に充てて受験に挑んだと言います。このようにキャリアの真の価値は本人にしかわからないものであり，その背景にある一人ひとりの価値観を尊重すれば「良いも悪いも，成功も失敗もない」と言えることがわかります。

(3) 観察可能な客観的キャリアと価値観を表わす主観的キャリア

キャリアには，主観的な側面と客観的な側面があるとされています。「主観的キャリア」とは，キャリアに関する価値観や態度，モチベーションの変化などを指します。一方で給料や職位といった観察可能な側面を「客観的キャリア」と呼んでいます。客観的キャリアと主観的キャリアはどちらが大切か，あるいはどちらが先に達成されるべきかではなく，互いに結びつき影響を及ぼし合っています。例えばアルバイト先で上司に褒められたりお客様に感謝されたりといったポジティブな体験が「主観的キャリアの成功」となります。これは自信とやりがいを高めることにつながり，その結果として仕事のパフォーマンス（効率やスピードなど）がさらに上がり給料がアップする，といった「客観的キャリアの成功」にも影響を及ぼすことは想像に難くないでしょう。したがってこの２つは自転車の両輪のように共に作用し合っているのです。

(4) キャリアのデザインとは生き方や価値観を軸に，働き方を考え，自己と組織との調和を図ること

かつて日本的経営の三種の神器と言われたのが，終身雇用・年功序列・企業別組合でした。一度就職をしたら１つの組織に一生をささげて働き続けることが一般的だった時代は，これらの３つが日本の企業経営の基盤となっていました。長期的な視点で人材育成を行い，社員の帰属意識を高める効果が高いと考えられてきたからです。

しかし1990年代半ば以降，インターネットの浸透と同時に市場の拡大，顧客ニーズの複雑化が加速し，長期的な戦略よりも変化に柔軟に対応できる体制が必要となったことから，働き方への考えも変化を余儀なくされました。つまり就職をしたら１つの組織に一生をささげて勤め上げるのではなく，ライフスタイルや価値観，社会環境の変化に合わせて働き方を振り返り，自らキャリアを新しく作り替えていく考え方が必要とされ始めたのです。そこで生まれたのが「キャリアデザイン」です。

キャリアデザインとは，働くために生き方を変えるのではなく，自分の生き方を軸に働き方を変えること，またその際の指針とも言えるでしょう。

「デザイン」という言葉はもともと，ものの形や色などの形式的な装飾，あるいは美的スタイルを創造する概念として誕生しました。しかし工業化の進展と共に，その目的は美しい装飾だけでなく，人間の生活を豊かにする実用品の意匠として定着しました。つまり現代で言うところの「デザイン」には，表面的な成果だけでなく，人生や生活を豊かにするための試行錯誤の繰り返しという意味合いが含まれると言えるでしょう。

3　キャリアデザインの３つの視点

ショートストーリー②

あや　「確かに，超大手企業を辞めて芸人さんになったり，テレビに出てるような有名人が突然引退して飲食店を始めたりしているね。周りからすると『え？　なんで?!』って思うこともあるけど，本人が見つけたテーマならそれが成功ってことなのね」

陽翔　「でもさ自分の事となるとやっぱり，親や周りの意見とか，どう見られるかとか，期待とかも気になっちゃうよな」

あや　「まあ，それはそうかもしれない。まだ漠然としてるけど，私は人に感謝される仕事がしたいのよね。だからやっぱり，小さくてもカフェ経営はやってみたいの。でも企業で働くなら，できれば綺麗なオフィスで働きたいし，帰りにヨガ教室に行けるような立地も外せないわね～」

陽翔　「結局楽しいこと優先かよ(笑)！」

先生　「ははは！　でもね，何をしている時が楽しいかを考えることもキャリアデザインでは大事なことなんだよ。キャリアには，実は３つの視点があるんだ。個人，組織，そして社会的つながり。次はこの３つの視点について考えていくこととしよう」

(1) 個人の価値観に着目する内的キャリア

キャリアの問題は究極的には働く一人ひとりがキャリアをどのように考えるかという問題です。キャリアをどのように選ぶべきかについて，他者が何らかの指示や指令をするとしたら，それはもはや自分のものではなくなってしまいます。様々な働き方の選択ができる今，キャリアを歩む個人が自分の価値観を大切にしながら，自らの意思にそってキャリアデザインをすることは極めて重要と言えます。キャリアデザインの際に自分の価値観にあたるもの，これを「内的キャリア」と呼びます。

内的キャリアはその仕事に満足しているか，やりがいがあるか，仕事の自分にとっての仕事の意味合いなど，本人にしかわからない基準で判断されます。内的キャリアを充実させるには，どういう事に興味があるのか，何にやりがいを感じるのか，どういう時に満足感が得られるのかなど，自分自身への気付き，すなわち「自己理解」が大切です。

自己理解の視点として広く活用されているものに，シャイン（Edgar Henry Schein）の「キャリア・アンカー」が挙げられます。アンカーは船の錨（いかり）を意味し，どんな寄港地（勤務先や職種）につこうとも，そこに錨を下ろすことで安心して停泊できる様子から名付けられました。アンカーは，「どんな仕事が好きか（動機）」「どんな仕事にやりがいを感じるか（価値観）」「どんな仕事が得意か（コンピタンス）」といった問いへの答えによって８タイプに分類され，最も基本的な自己分析ツールとして活用されています（図表11－１）。

(2) 組織のニーズに着目する外的キャリアとキャリア・コーン

人的資源管理におけるキャリアは，管理する組織と，管理される個人が，共に組織の目標を達成することを目指すものである以上，自分の価値観や希望を考えるだけではキャリアは形成できません。そこで大切になるのが，組織に所属する個のニーズと組織ニーズ全体の調和です。この時，組織のニー

図表11－1 キャリア・アンカー3つの問いと8つの分類

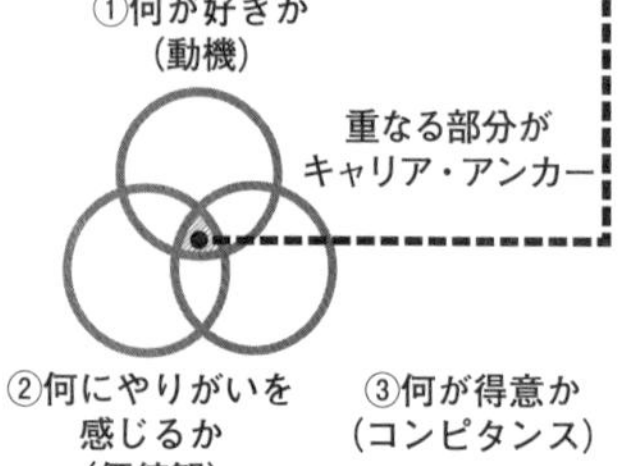

キャリア・アンカー8つの分類	
専門性	自分の技能や専門性を発揮したい
経営管理職	組織やチームの中で，責任ある役割を担いたい
自律・独立	自分の納得できるやり方で仕事を進めていきたい
起業精神	新しいことや新しい価値を生み出していきたい
安全・安定	雇用保障などを活用し，安心して仕事をしていたい
奉仕・社会貢献	人に奉仕したり，社会貢献になる仕事をしたい
挑戦	手強い難題に挑戦し，打ち勝って行きたい
生活様式	個人だけでなく家族や社会との調和を大切にしたい

出所：エドガー・シャイン著，金井壽宏訳（2003）『キャリア・アンカー――自分のほんとうの価値を発見しよう』白桃書房，26頁を参考に筆者作成

ズやそれに合わせて個人に与えられる具体的仕事にあたるものを「外的キャリア」と呼んでいます。キャリアデザインにおいては，個人の価値観や希望を大切にすることと，組織に求められているものの実現をバランスよく保つことが重要です。

組織におけるキャリアの仕組みは「キャリア・コーン」と言われる3次元のモデルで考えられています（**図表11－2**）。従来，会社組織は，一般社員→係長→課長→部長のように地位の高さを示す垂直方向の「階層」と，営業部からマーケティング部への異動といった専門部署への水平移動を指す「職能」の2次元で考えられていました。シャインはそこに，部署内で特定の分野についての専門家になり，その部門の重要な情報を入手しやすい立場になる「中心性」の次元を加えました。中心性とは，例えば重要な意思決定に参加できるようになったり，組織内の機密情報を見られるようになったりするなど，特別な影響力を獲得することを指し，その実感は仕事のやりがいに関する重要な点になります。

個人のキャリアは，これら3つの次元がかけ合わさって進化していくため，組織内で期待される役割を理解し，自分がそれにどう貢献できるか，またその期待がどのように変化していくかを予測することが外的キャリアのデザインには重要となります。

図表11－2　組織のキャリア・コーン

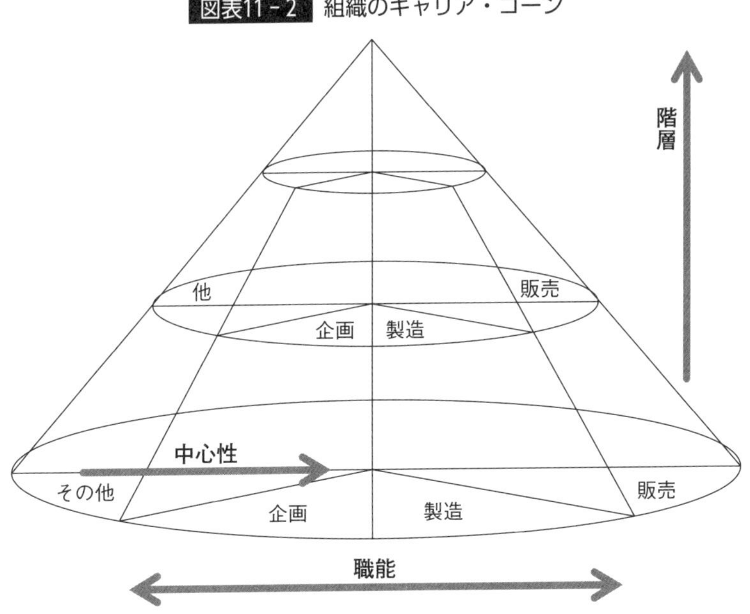

出所：Schein, E. H. 1978をもとに筆者作成

(3)　調和に向けた実践と振り返り

では，どのようにすれば，個人ニーズと組織ニーズの調和が実現するのでしょうか。その鍵を握るのが「実践」と「振り返り」です。実践とは，実際にやってみること，足を踏み入れて体験してみること。振り返りは，活動内容を思い起こし，その中で得た学びや気づきを認識することを指します。

例えば，ずっと続けてきた部活動を受験勉強のためにやめるべきか否か，就職先を選ぶ際に何を基準にするかなど，私たちは度々目の前の選択に悩みます。このようなとき，できる限り情報を集めたり，人に相談したり，想像したり，時には将来を占ったりして最良の選択を見つけようとします。しかし，勇気を出して一歩を踏み出したとたんに，新しい世界が開けやるべき事が見えることがあります。つまり，将来について深く考えつつも，まずは第一歩を踏み出してみることそのものが自分にとってのキャリアの意味を明確にすることになるのです。実践の中でどういった事に興味があったのか，何にやりがいを感じたか，どういった時に満足感が得られたかなどを振り返ります。そのプロセスが，自分自身への気づきを深め，個と組織の調和を促すことにつながっていくのです。

4　キャリアは社会とのつながりの中でデザインする

⑴　変化を勝ち抜くためには，あらゆる境界を越えたつながりが不可欠

近年，雇用やキャリアをめぐる議論は大きな転換期を迎えています。前述のように，終身雇用・年功序列が当たり前のものとされていた時代には1つの組織内で長く勤め上げるキャリアが一般的でした。もちろん特定の組織というバウンダリー（境界）の中で着実にキャリアを構築することを良いこととする価値観は今も日本に根強く存在しています。その一方で，生き方や働き方の多様化に伴い，世界的には「長期的に1つのバウンダリーの中に閉じられた生き方はしない方が良い」という考え方が広がりつつあります。

1つの専門職にとどまらず様々な仕事を同時に経験するパラレル（並行的）・キャリア。産業，組織，職務の壁を越えて移動するバウンダリーレス（境界なき）・キャリア。社会環境の変化に応じてキャリアを柔軟に変化させていくプロティアン（変幻自在）・キャリアなど，新しい時代の働き方は「ニュー・キャリア」と総称されています。

ニュー・キャリアのあり方は多様ですが，古いタイプのキャリアとの大きな違いは，組織がより柔軟でフラットに，そしてつながりの構築を重要なものと考えていることが挙げられます（図表11－3）。

例えば，新しいキャリアのあり方に着目したマイケル・アーサー（Michael Arthur）と，雇用契約の新しいあり方に着目したデニス・ルソー（Denise Rousseau）らが提唱したバウンダリーレス・キャリアは，個人のキャリアの成功には多様な人脈を構築し，様々な知識や情報をタイムリーに得られるようになることが重要だとしています。

アップル，メタ（旧フェイスブック），グーグルといったテクノロジー系のグローバル企業や，多くの新興企業が密集する地域として有名な，アメリカ カリフォルニア州のシリコンバレーでは，異なる企業を結ぶ従業員の多様なネットワークが，個人にも組織にも有益な情報的支援や，経済的支援を生み出し，シリコンバレー全体の成功を推し進めていると言われます。この

図表11－3 古いタイプのキャリアからニュー・キャリアへの変化

古いタイプのキャリア	これからのニュー・キャリア (バウンダリーレス・キャリア)
境界に制約された（bounded）	境界のない（boundarlyless）
内部化，社内調達（in-house）	アウトソーシング（outsourcing）
個人が担い手（agentic）	関係が中心（relational）
垂直的命令関係（vertical）	ネットワーク化された関係（horizontal, networked）
制度的知識（institutional knowledge）	個人の知識（individual knowledge）
構造に頼る（structure）	行為に頼る（action）
製造・ものづくり（manufacturing）	知識（knowledge）
多数の階層（multiple levels）	より少ない階層（fewer levels）
特権階級優遇（privileged）	みんなのキャリア（egalitarian）
静的（stasis）	変化（change）
心理的慣例（psychological inertia）	心理的適応（psychological adaptation）
テクニックがものをいう（techniques）	対人スキルがものをいう（interpersonal skills）
温情主義（paternalism）	就業可能性（employability）
雇用の補償をめざす（employment security）	就業可能性の補償をめざす（employability security）

出所：金井壽宏（2002）『働くひとのためのキャリア・デザイン』PHP研究所，58頁を参考に筆者作成

ような環境では専門家の集団だけでなく，地域の集まりや趣味のグループ，スポーツのクラスといった，地位や年齢に左右されないフラットで自由なつながりこそが，変化を素早くとらえたり，新しいニーズをつかみ危機を乗り越えるための鍵であると考えられています。さらに，フラットで自由なつながりが地域全体に根付くことで，シリコンバレーそのものが「スーパー組織」のように機能し，優秀な人材が集まる世界に誇るイノベーション拠点となっていると言えます。

組織は個人の集まりで形成されています。変化が少ない時代には，組織も個人も，長期にわたってある程度決まったパターンで展開される流れに乗ることが可能でした。しかし様々な変化が絶えず訪れる現代においては，その変化を的確にとらえるため，常に「組織」や「これまでの常識」といった境界を越えたつながりを持つ必要があると考えられているのです。

⑵　つながりは，自己をとらえ直すきっかけにもなる

つながりの意義についてもう少し身近な例で言えば，私たちは普段から，学校の友人，家族，アルバイト先の仲間，趣味の仲間，仕事仲間など多く人々とのつながりの中に生きています。キャリアを考える上で，このような

他者との関わりは，自分について，あるいは自分が望むキャリアについて学ぶ機会となります。例えば，学校の仲間同士で互いの長所と短所について議論しているうちに自己理解が進んだという話は大学内でよく聞きます。また社会人向けのセミナーで，普段は関わらない異業種の人たちと共に学び交流する中で，新しくやってみたいことを発見したとか，やってみたかったことに挑戦するきっかけをつかんだという話を聞くこともあります。

さらに，つながりが自己をとらえ直すきっかけになる時のポイントは，いつも顔を合わせる馴染みの仲間に限らず，普段の生活を一歩超えたコミュニティに足を踏み出してみることです。普段生活するコミュニティから外に出てみることで，視野が広がり新しい自分の姿を見つけることができるからです。このような，キャリアに関する学びを得られるコミュニティを，「キャリア・コミュニティ」と呼びます。例えば，他大学の学生との交流，異業種の人が集まる学びの場，仕事とは全く別の趣味の集いなど…。普段は出入りしないコミュニティに踏み出し，実践し，その中で自己について語る言葉が，自分の新しい姿あるいは，今よりもっと「自分らしい」と思える自分の姿，ひいては将来のキャリアを生み出すことにもなるでしょう。

キャリア心理学の第一人者であり，対話を通して人生の物語を構築する手法を開発したマーク・サビカス（Mark Savickas）によれば，「人は自らの人生の物語を他者に語ることによって，それを現実的なものとして認識することができるようになる」といいます。つまり，自分自身の過去の体験や未来の希望を含む人生の物語を他者に語るほどに，断片的だった物語が結晶化するようにまとまり「自己概念」が形成され，「自分とは何者であるか」が明らかになるのです。自己概念の発達段階は第12章で詳しく扱われるためここでは述べませんが，他者との関係の中で自己をとらえられるようになるという意味で，キャリアデザインには他者の存在が欠かせません。

広いつながりを持つことは，その中で多様な情報を得て新たな機会を発見するためだけでなく，新しい自分のあり方の可能性を促すことができるという意味で，今後ますます重要になると言えます。

5　おわりに

本章では，キャリアとは何か，キャリアデザインとは何か，またキャリアデザインはどのような視点で成り立っているのかについて概観しました。キャリアとは職位の一覧だけでなく仕事を含めた人生全体を指し，そこには成功も失敗もなく，その意味はキャリアを歩む本人の価値観に依存します。

キャリアデザインは人生や生活を豊かにするための試行錯誤の繰り返しであり，そのためには，個人の価値観を知ること，組織のニーズを知ること，さらに広いつながりを持ち社会変化を理解し，その中でどうありたいかを考えることが重要です。

またキャリアデザインは，就職活動の際に考えて終了するものではなく，その後の生き方の変化，興味関心の変化，あるいは環境の変化とともに繰り返し考える必要があります。その意味で私たちは，長い人生をかけて，自分はどうありたいのかを考え続けることが必要です。逆に言えば，就職に際して将来がはっきりと見通せなくとも，仕事という実践の中で将来を考えるのは間違いでも遠回りでもありません。むしろそのような方法でしかキャリアはデザインできないと考えると，一歩踏み出してみることが何より重要といえるでしょう。

◆主要参考文献

- 金井壽宏（2003）『キャリア・デザイン・ガイド―自分のキャリアをうまく振り返り展望するために』白桃書房。
- 松本雄一（2019）『実践共同体の学習』白桃書房。
- Arthur, M. B. and D. M Rousseau（2001）*The Boundaryless Career: A New Employment Principle for a New Organizational Era*, Oxford: Oxford University Press.
- Savickas, M. L.（2011）*Career Counseling*, Washington, DC: American Psychological Association.（日本キャリア開発研究センター監訳『サビカスキャリア・カウンセリング理論―〈自己構成〉によるライフデザインアプローチ』福村出版，2015年）
- Schein, E. H.（1978）*Career Dynamics: Matching Individual and Organizational Needs*. Reading, Mass: Addison-Wesley.（二村敏子・三善勝代訳『キャリア・ダイナミクス―キャリアとは，生涯を通しての人間の生き方・表現である。』白桃書房，1991年）

さらに学習したい人のために

- 奥林康司・上林憲雄・平野光俊（2010）『入門人的資源管理〔第２版〕』中央経済社。

　人的資源管理に関する伝統的な理論や考え方を踏まえた体系的入門テキストです。初めて人的資源管理にふれる人に必要な基本知識が網羅されていると同時に，事例も豊富で実務でも活用できる内容です。

- 金井壽宏（2002）『働くひとのためのキャリア・デザイン』PHP研究所。

　入社，昇進，転職など，誰にでも訪れる節目をどう主体的に意味づけるかについて考えるときのヒントを数多く見つけることができます。様々なキャリア理論の紹介もあり，学生，実務家，研究者など，働くことを考えるあらゆる人に役立つ一冊です。

- 村山昇著，若田紗希イラスト（2018）『働き方の哲学 360度の視点で仕事を考える』ディスカヴァー・トゥエンティワン。

　働くことやキャリア形成にまつわる様々な概念が，絵と図で解説された楽しい入門書です。なぜ働くか，どう働くか，について考える時や，キャリアについて教える時の辞典としても役立つ一冊です。

◆コラム◆　サービス・ラーニングと自分らしさの発見

近年注目が高まる学習方法論に「サービス・ラーニング」があります。サービス・ラーニングとは，「社会活動を通して市民性を育む学習」のことを指し，ボランティア活動に代表されるような地域社会に対する支援活動「サービス」と，教室の中で行われる学問的学びを組み合わせた学習です。

サービス・ラーニングの起源は1960年代アメリカです。1960年代後半，アメリカでは公民権運動が活発化し，「市民による自主的な活動が社会に変革をもたらす」との価値観が社会で広く受け入れられました。このような時代の後押しもあり，1980年ごろから地域への奉仕活動を通して学びを深める教育カリキュラムがアメリカ全土に広がり，現在では日本を含めた世界中の教育に取り入れられています。

サービス・ラーニングでは，教室で学んだ専門知識や技能を社会的活動の中で実際に活用します。そのため，教室で学んだものを実社会で活用できる知識や技能として定着させる効果があります。また生徒・学生は社会活動を通して自身の社会的役割を意識するようになり「市民として必要な資質や能力を高める」ことにつながります。社会活動の実践は，地域に貢献することができる実感を醸成し，将来の職業や自分らしいあり方すなわち「内的キャリア」について考える機会を得ることも期待されます。

サービスラーニングは，次の４つの構成要素から成り立ちます。

①　事前学習（Preparation）

実践活動を経験する前に，活動を行う地域や団体について調査し事前に必要となる知識研修，技術の習得，地域ニーズを把握する。

②　奉仕活動（Service）

事前学習で得た知識や技術を使って，地域社会のために効果的な奉仕活動を実践する。

③　振り返り（Reflection）

奉仕活動の前，最中，活動後に継続的に「どのようなことが起こったか」「そこから何が理解できたか」「そこから何を感じたか」等を振り返り，経験したことと学内で学んだことのつながりを認識する。

④　報告（Reporting）

活動全体を通して得た経験を学内で報告することで事前学習で得た知識や技術・奉仕活動・振り返りを統合する。

このような知識習得と実践活動を繰り返し行うサイクルを内的キャリアの充実に活かすためには，活動の振り返りすなわち「リフレクション」が欠かせません。大手前大学で実践するリフレクション手法については終章に詳しく記載されているため割愛しますが，学びの定着と自己理解を促すためには，経験を丁寧に振り返ることが重要です。サービス・ラーニングでは，社会活動の中で起こったことを省み，気持ちの変化や自ら発揮した力に気づき，その気づきをどのように社会に還元してゆきたいか，という内省を促します。このようなプロセスを経ることで，教室で学んだことの社会的意味合いを理解し，地域社会に貢献するためにさらに学ぶべき目標を明らかにする効果が得られるのです。

大手前大学でも地域社会への貢献と，その実践を通した自己理解を目指し，一部の授業でサービス・ラーニングを取り入れています。例えば2023年「フィールドスタディⅡ」では小学校の見守りボランティア活動に参加し，地域の様々な課題や地域に生きる子どもたちが抱える問題と，遊びを通して向き合うことに取り組みます。また実践活動の振り返りと内省を丁寧に支援し，内的キャリアの充実を目指します。

私たちが生きる社会には様々な課題が存在します。これら多くの課題への解決過程に，地域に生きる若者が関与していくことは社会全体においても意味があります。教室で学んだ学問的な知識，技能，新しい技術を社会に生かすことができるからです。また何度も活動現場へ足を運ぶことによって学生は気づきを得，その中から自己の特徴や社会への使命を発見することは，地域で学ぶことの最大の魅力です。サービス・ラーニングは社会で学生自らが自分の力をどのように活かすことができるのかを知る多くのヒント提供してくれます。

第12章

キャリア発達とその支援：キャリアカウンセリングで働く個人と組織を支援する

1　はじめに

この章では，個人のキャリア発達とそれを支援するための「キャリアカウンセリング」について学びます。「カウンセリング」と聞くと，「うつ」など心の病を抱えた人々の支援を行う「セラピー」をイメージする人も多いかもしれません。しかし，キャリアカウンセリングでは，そのようなセラピー（心理的治療）は行いません。キャリアカウンセラーは，働く人々（あるいは，これから働こうとする人々）誰もが向き合うキャリア形成にまつわる様々な問題，例えば就職や転職，職場の人間関係や能力開発に関する問題などを解決することを支援します。同時に，このような個人が直面するキャリア上の問題解決は，その人々が働く（あるいは，これから働こうとしている）企業などの組織にも有効性があります。つまり，キャリアカウンセリングは経営学の一分野ではありませんが，企業経営特に人材のマネジメントにとって，たいへん重要な機能を有しているのです。

ここではまず，キャリアカウンセリングが個人のキャリア発達に対してどのように有効なのかを確認した上で，それが組織にとっても役立つ理由を考えていきましょう。

2　キャリア発達とは自己概念の成長

ショートストーリー①

（学生二人の素朴な疑問）

あや　「大学生活最後の春を迎えて，いよいよ就職活動も本格的になってきたわね」

陽翔　「だよね。3年生のうちにできるだけの準備はしてきたつもりだったけど，色々と不安だよ」

あや　「陽翔はどんな業種の企業にエントリーするつもりなの？」

陽翔　「あれこれ悩んだけど，やっぱり僕は日本が得意とするモノづくり，特に精密機械に関する製造業がいいかなあと」

あや　「そこまで考えているなら，いいじゃない。エントリーシート（ES）をどんどん出していけば？」

陽翔　「それがそう簡単じゃないんだよね。自己PRや学チカ（注：学生時代に力を入れたことの略）は，自分の大学生活でのエピソードを絡めれば何とかなるんだけど，特に志望動機で苦労してる。これまで小売や飲食のアルバイトしかしていないので，製造業で僕が貢献できる仕事について今ひとつイメージが湧かなくて。『あなたは，当社で将来どのようになりたいですか？』と質問されても，具体的な想像ができなくて，うまく書けないんだよね」

あや　「陽翔の気持ち，わかるかも。私たちってまだ本格的な職業経験もないし，実際の仕事の現場を見たこともないのに，『何がやりたいの？』って聞かれても，なんか妄想を話しているみたいで…」

先生　「うーん，君たちの悩みは深いようだねえ。でもそれって，とても自然なことだと思うよ。キャリアというものは，職業に関する自分自身のイメージができていくことだという考え方があるんだ。簡単に言えば，自分はどんな職業人なのかを，短いフレーズや文章で表現できるようになることが，キャリアが発達するということになるかな。これを「職業的自己概念」と言うのだけれど，それは職業経験を何年も積み重ねてこそ形成されるものなんだ。アルバイトだけで十分な職業経験がない大学生が，それを持っていないのは当然のことだよ。だから，「妄想」のようにしか話せないのは仕方ないのかもしれないね」

キャリア発達理論の祖といわれるドナルド・スーパー（Donald. E. Super）は，人生の中で何回も遭遇する節目において，主体的な選択と意思決定を繰り返すことによって，人は生涯にわたって発達し続けるという考え方を提唱しました。そしてキャリア発達とは，「自己概念」の発達と受容，探索と現実吟味，さらにはその「自己概念」を職業的な言葉に置き換えることへと順次進展する過程だとしました。

例えば，学生時代の様々な経験を通じて「私は人を束ねて１つの目標を達成する力がある」という自己概念を得ている大学生がいるとしましょう。この萌芽的な自己概念を職業という文脈で様々な試行錯誤を経験することによって，「企業の管理職または経営者として，その利益と発展に貢献できる」と言えるようになっている状態に進むことが，キャリア発達だということになります。

また，キャリア発達の過程には段階があり，各段階の発達課題は自己概念の発達課題でもあるということになり，キャリアとは自己概念の形成過程に他ならないと考えられています。自己概念の基礎は児童期から発達し始め，青年期以前に形成され始め，青年期には明確化され，最初の職業選択時点（大学生なら「就活」）で職業的な用語に置き換えられるといいます。ただし，この時に生まれる職業的な自己概念は，職業経験を十分に積み上げる前の「仮」のものということができるでしょう。

この自己概念が発達する段階は，成長段階（growth stage），探索段階（exploratory stage），確立段階（establishment stage），維持段階（maintenance stage），下降段階（decline stage）という５つに分けられています（**図表12－1**）。

学生の皆さんは，探索段階の真っ只中にあると考えられます。探索段階はおおよそ15歳くらいから25歳くらいまでとされ，萌芽的な自己概念を，学校やクラブ活動，アルバイト，就職後の職場など色々な場面で試し，職業的な自己概念を発達させます。色々な人々との関係の中で試行を繰り返し，職業的な自己概念のうちで満足をもたらす面は保持され，満足をもたらさない部分は，他の特性や行動に置き換えられます。自己概念の試行錯誤が大いに行われる時期であり，転職も発生しがちです。

次の確立段階は，25歳くらいから45歳くらいまでで，「試行」や「もがき」が終結し，職業的自己概念は完成に向かいます。

このようなスーパーの発達段階に従えば，20代から40代前半にかけての発達課題は，職業的自己概念を明確化するための探索的な経験や試行的な選択を行うこと，さらにそれまでの自己概念の発達と現実吟味の過程を通して，個人の興味，能力，価値観などを1つのまとまりのあるものに統合させることだと言えるでしょう。

図表12－1　キャリア発達段階と発達課題

中学生くらいまで	成長段階	・自分がどういう人間であるか（自己概念）をつくる。 ・職業世界への積極的な態度を養い，働くことの意味を理解する。
高校，大学時代から卒業後数年間まで	探索段階	・家庭，学校，アルバイト等の色々な状態の中で仕事をし，自己概念を試してみる。 ・「もがき」や「試し」を経験する。
20代後半から40代前半まで	確立段階	・自分の資質や経験を総ざらえし，自分がしたいこと，できることを知り（自己理解），自分の人となる（自己受容）。 ・自分が満足できるキャリアがどこにあるのかを知る。
65歳くらいまで	維持段階	・職業世界において「ところ」を得る。 ・仕事とともに，家庭および地域社会でも満足を得る。
65歳以降	下降段階	・自己概念を変容させる必要があると気づく。 ・身体・精神的能力の低下に合わせて，職務を変容する。 ・仕事以外での自己実現の機会を見出す。

出所：Super（1957）pp.93-205を基に筆者作成。

3　自己概念の成長を促すキャリアカウンセリング

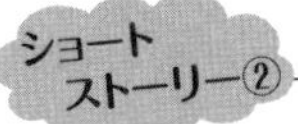

（キャリア発達を支援するキャリアカウンセラー）

陽翔　「20代は『探索段階』か。『もがき』が続くなんて，しんどいなあ。キャリアの授業で今の時代は『自律』が大事と教わったけど，一人で考えなきゃいけないのかなあ。誰か助けてくれる人が欲しいなあ…」

先生　「キャリアカウンセラーという人がいるのを聞いたことがあるかな。個人のキャリアに関する様々な問題解決を支援してくれる専門家だよ」

あや　「就職活動するときに，自己PRや志望動機の作成や面接の指導を行ってくれると嬉しいですね」

先生　「もちろん，そういった具体的な就職や転職の支援もしてくれるよ。ただそれだけではなく，その人が職業的な自己概念を成長させて，いきいきとしたキャリアや人生を送れるようにするにはどうすればよいのかを一緒に考えてくれるのが，キャリアカウンセラーが目指しているところなんだ」

(1) キャリアカウンセリングの定義

日本におけるキャリアカウンセリング研究の第一人者である渡辺三枝子によると，「キャリアカウンセリングとは，（1）大部分が言語をとおして行われるプロセスであり，（2）カウンセラーとカウンセリィ（相談者，クライアントとも言います）は，ダイナミックな協力関係のなかで，カウンセリィの目標をともに明確化し，それに向かって行動していくことに焦点を当て，（3）自分自身の行為と変容に責任をもつカウンセリィが，自己理解を深め，選択可能な行動について把握していき，自分でキャリアを計画し，マネジメントするのに必要なスキルを習得し，情報を駆使して意思決定していけるように援助することを目指して，（4）カウンセラーがさまざまな援助行動をとるプロセスである（カッコ内は筆者が加筆）」とされています。

この定義は少し長いのですが，次のようなポイントがあります。

第一に，キャリアカウンセリングは，言語あるいは対話を通して行われる援助行動だということです。当たり前のことかもしれませんが，キャリアカウンセリングでは投薬や医学的治療は行いませんし，金銭や商品等のやりとりも行いません。「言語」という人間の基本的な道具のみを用いて行われる援助行動なのです。言い換えれば，言葉の持つ力の重要性を認識し，それを有効に活用するものと考えられます。

第二に，キャリアカウンセリングは，カウンセラーと相談者が協力し合って進めるプロセスであるということです。これは医療に代表される援助行動とは対照的です。一般に医療の世界では，医師は患者よりも圧倒的に専門知識を有しており，その治療のイニシアティブは医師にあります。一方，キャリアカウンセリングでは，カウンセラーと相談者は対等な関係にあり，両者が共に力を出し合って問題の解決に向けて歩んでいきます。

第三は，第二の点と強く関連していますが，キャリアカウンセリングでは，相談者が自己のキャリアに関する自律的意思決定を行うことと，その能力を向上させることを支援します。すなわち，キャリアカウンセリングにおける何らかの意思決定の主体は常に相談者にあり，カウンセラーはそれを手伝うパートナーのような存在だということです。キャリアカウンセリングには，相談者自身が自律的意思決定の能力を高めることを目指すという教育的側面があります。したがって，究極的には相談者がカウンセラーを頼りにせずに自力で意思決定ができるような能力を身につけられるようなプロセスをたどります。

加えて，上記の定義には明確に示されてはいませんが，キャリアカウンセリングは就活や転職などに関する具体的な「職業問題」自体ではなく，「職業問題をもつ個人」に焦点を当てるという特徴もあります。私たちのキャリアは，家庭や余暇などといった職業以外の生活と緊密な関係があります。例えば，就職や転職といった職業上の問題に当面している時にも，その選択が今後の個人の生活や人生全体にどのように関連づけられるのかを，あわせて考える必要があるのです。したがってキャリアカウンセラーは，相談者のキャリア上の意思決定が，その個人がよりよい生活や人生を創造できるように支援を行う必要があるのです。第１章で紹介された考え方に従えば，キャリアカウンセラーは個人のKnowingやDoingのみならず，「どう生きるか？」や「いきいきと働くには？」といった，Beingに関する問いを考えることを支援すると言うことができます（図表12－2）。

(2) キャリアカウンセラーが行う支援

具体的にキャリアカウンセラーは，どのような支援を行うのでしょうか。大きく言えば，次の３つに整理されます。

第一に，相談者自身の今までの職業経験ないし学生生活の振り返りや適性検査等を通じて，相談者の自己理解を促進することです。

「自分はどのような特性を持った人間であるのか」，つまり自己概念をできるだけ正確かつ多角的に理解することによって，現実的な問題解決に有効な情報を得ることが可能となり，具体的な行動をとることができるようになります。さらに，後述する職業理解と合わせることによって，自己の様々な特性の束である自己概念を，職業世界の文脈の中に位置づける（翻訳する）こ

図表12－2 個人全体のBeingを支援するキャリアカウンセラー

出所：渡辺・ハー（2001）pp.16-21を基に筆者作成

とで，職業的な自己概念を見出すことができます。キャリアカウンセリングとは，就職や転職といった相談者の具体的な問題解決を支援するためだけではなく，この職業的な自己概念の確立を促進するためにあります。

ところで，職業的自己概念の１つの表現方法である「キャリア・アンカー」の理論を提唱したシャイン（Edger. H. Schein）は，①能力や才能（自分は何が得意か），②興味や欲求（自分はいったい何をやりたいのか），③価値観（何をやっている自分なら，意味を感じ，社会に役立っていると実感できるのか）という３つの要素が統合されることが必要であるとしています。これらの３つの要素は，ハローワークや大学のキャリアセンターといった就職や転職を支援する場においても，自己理解のために一般的に用いられている視点です。

第二に，労働市場や企業情報（会社概要や職務内容・雇用条件などの求人情報，キャリア支援制度等を含む）に関する情報提供等を通じて，相談者の職業理解を促すことです。

個人が自己理解を深めたとしても，職業に対する理解が不十分であれば，納得のいく選択ができないことは言うまでもありません。さらに言えば，職業の理解を行うことによって，先述した職業的な自己概念の形成が促されるという側面もあります。つまり，自己の特徴を職業についての情報と照らし合わせることによって，個人の自己概念を職業的な文脈の中で翻訳することが可能になるのです。

第三に，職業体験を通じた仕事に対する動機付けを行った上で，相談者自身が職業生活，職業能力に関する目標設定を行い，職業選択や能力開発のための主体的活動につなげていくことです。第11章で触れたキャリアデザインについてもキャリアカウンセラーがサポートします。

4　経営組織におけるキャリアカウンセリング

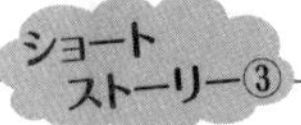

(キャリアカウンセリングに関する経営学的な問い)

陽翔　「なるほど，キャリアカウンセラーが寄り添ってくれれば，自己理解や職業理解が深まって，納得のいく就職活動ができそうです」

先生　「キャリアカウンセリングを受けるだけでなく，その理論やスキルを大学で学ぶことにも意義があると思うよ。国家資格のキャリアコンサルタントやCDA（Career Development Advisor）といった専門資格を持っていなくても，職場の同僚や友人のキャリアに関する相談に乗るときに活かせるからね。いずれ，後輩や部下を持ったときにも役立つのではないかな」

あや　「なるほど。でも，キャリアカウンセリングって，まだ就職していない学生や転職を希望する個人にとっては有効かもしれませんが，企業にとっては逆効果なのではないでしょうか？　だって，従業員が自律的に意思決定をしたいと思うようになれば，企業が思うように人員を配置することが難しくなりませんか？　従業員にキャリアカウンセリングなんて受けさせたくない，と考えるのではないでしょうか」

先生　「あやさん，いいところに気がついたねえ。でも，企業にとってもメリットがあるのだよ。積極的に導入を進めている企業も増えているんだ」

あや　「そうなんですか!?　詳しく教えてください」

(1)　組織コミットメントの向上

確かに，企業が従業員の自律的なキャリア形成を促進することによって，自分の希望するキャリアにこだわる人が現れ，結果的に離職者が増えると懸念する企業も少なくありません。しかし，本当に自律的なキャリア形成は，従業員の離職を促してしまうのでしょうか。

個人が組織に対して一体化している程度を「組織コミットメント」と言いますが，それは組織の目標と個人の目標が統合され合致している程度と考えることができます。当然のことながら，組織コミットメントが高いほど，個人がその組織にとどまろうとする意欲も高くなります。

組織で働く個人が職業的自己概念を確立するためには，組織から期待されている役割と調和したキャリア目標の設定が必要です。勤務している組織において，自分自身の実現可能な目標を見出すことができれば，他の企業に移ることはかえってコストやリスクが大きくなるはずでしょう。

ゆえに，従業員の自律的なキャリア意識を前提に，個人の自己理解を促進し，職場や企業から期待される役割と調和したキャリアの目標を設定させることは，決して従業員を離職に向かわせるものではありません。

むしろ，自律的キャリア形成の支援を企業が行うことにより，定着率が高まる可能性の方が高いのではないでしょうか。自律的にキャリア形成を行おうとする従業員が離職するとすれば，その自律意識の芽生えが問題なのではなく，一人ひとりの従業員に対する期待を適切に伝達し，個人の能力や興味や価値観といった側面との擦り合わせを的確に行い，整合性のあるかたちで目標設定を行わせていないことが，問題の本質といえます。

⑵ 人材の適切な配置やキャリア開発を促す

企業が行う人材マネジメントに必要な情報は，「非対称性を持っている」と言われます。つまり，従業員一人ひとりに関する情報は現場に，組織側の情報は本社や人事部に，それぞれより多く偏って蓄積されています。このような状態を「情報の非対称性」といいますが，それによって人材の最適な配置や個人のキャリア開発が阻害される事態が起こり得ます。

例えば，本社に個人の情報が不足しているために，本人の能力や希望と適合しない人事異動が行われたり，全社的に有用な人材を一部の部署や上司によって囲い込まれたりするという事態が考えられます。また，組織に関する情報が不足しているために，個人が非現実的な異動の希望やキャリアのプランを持ってしまうという事態もあります。これらの事態は，個人にとっても組織にとっても不幸なことです。

この問題に対して平野光俊は，「情報の粘着性」の解消が必要だと指摘します。

情報の粘着性とは，「情報の移転にかかる費用の大きさ」として定義されます。つまり，必要な情報が受け手に利用されるかたちになっておらず，なおかつ移転する過程にコストが多くかかるような場合は，情報の粘着性は高いと言えます。例えば，本社人事部は知らないが，本人やその上司はよく知っているというような個人の情報は，粘着性が高くなります。また，個人の情報の中でも，個人の所属歴，業績考課，教育・研修歴などは粘着性が低いですが，その人の潜在能力やキャリア志向などは本人にさえ明確に意識されていないこともあり，粘着性が高いということができます。

そこでキャリアカウンセリングは，個人の中に内在化されている（時には本人自身も気づいていない）粘着的な情報（個々の能力や欲求，価値観など）を明確化し，顕在化させる機能を有していると考えられます。その情報を，本人が何らかのかたち（例えば面談やキャリア・プランを記入するシートなど）で上司や人事部門に伝達することによって，個人に関する人事情報の非対称性は解消します（図表12－3）。

こうして，キャリアカウンセリングを利用することで，個人情報がわからないままに能力開発や人材配置を行うことによって生じる様々なロス（生産性の低下，成長阻害，離職など）を，未然に防ぐことが可能となります。

図表12－3 組織におけるキャリアカウンセラーの役割

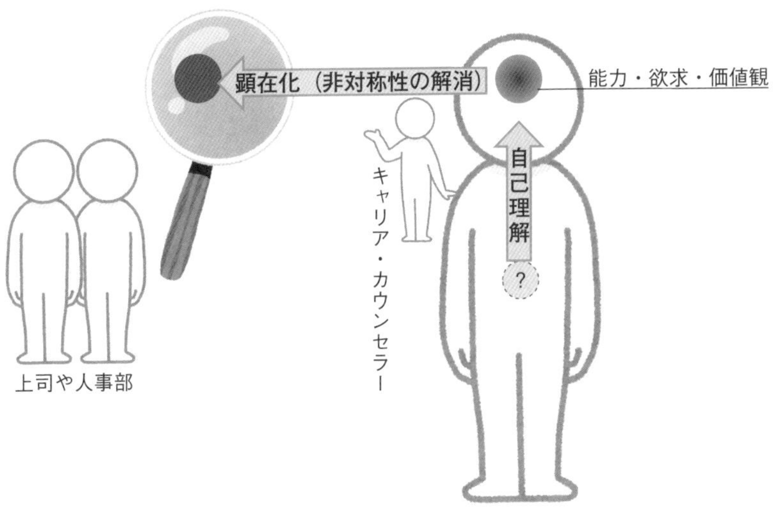

出所：筆者作成

5 おわりに

ショートストーリー④

あや 「なるほど。最後の話は少し難しかったですが，何となくはわかりました。要するに，キャリアカウンセリングを受けることによって，個人は自分の内面にある潜在的な情報を明確にできて，その情報を企業が人材の配置や育成に活用できるので，お互いにハッピーになる，という感じですね」

先生 「まあ，だいたいは合っているかな。ただし，個人情報の取扱いは重要だから，キャリアカウンセラーが人事部や上司に対して個人の許可なく情報を伝えることはないよ。あくまでも個人が，キャリアカウンセリングを通じて明確になった情報を企業の側に伝えるということが原則なんだ」

陽翔 「わかりました。でも，結局のところエントリーシートはどうすれば良いでしょう？」

先生 「現時点での自己理解と職業理解に基づいて，将来の職業的自己概念を仮説で良いのでイメージすれば良いと思うよ。企業も正解を持っているわけではないんだ。自分の個性と自社の特徴が合う点を探して，自分自身の将来イメージを持つという思考ができる人が欲しいんだよ。なぜなら，個人と企業のニーズの調和を考えられる人は，顧客のニーズを考えられる人材になる可能性が高いですからね」

陽翔　「キャリアカウンセラーの支援も受けて，頑張ってみます。でも，どこにいらっしゃるのでしょう？」

先生　「まずは，大学のキャリアセンターなど就職を支援する施設を訪ねてみたらどうかな。多くの大学では，キャリアカウンセラーを配置していることが多いよ。もし，所属する大学にいなければ，JCDA（特定非営利活動法人日本キャリア開発協会）や産業カウンセラー協会といったキャリアカウンセラーが登録している団体に問い合わせてみよう」

ここまで見てきたように，キャリアカウンセリングは個人にとっても組織にとっても有効な機能を有していると言えます。ということは，企業など組織に所属するキャリアカウンセラーには，個人の支援をするのみならず，組織の支援を行うことも求められることになります。実際に企業で活躍しているキャリアカウンセラーは，個人に対するカウンセリングに終始するのではなく，企業に対する働きかけも積極的に行っています。

例えば，個人のカウンセリングを通じて，組織全体の文化や人事制度に問題があるということにキャリアカウンセラーが気づいたとすれば，経営層や人事部などとその問題を共有し，組織の改革を協力して進めていくことが求められます。そういう意味で，キャリアカウンセラーには特別な役職や権限はないかもしれませんが，組織内の隠れたリーダーであると言えるかもしれません。それだけに組織内で仕事をするキャリアカウンセラーには高い能力が求められると思います。実際に活躍できるようになるまでには長い時間と豊富な経験が必要ですが，興味のある人にはぜひ挑戦して欲しいと思います。

◆主要参考文献

- 田尾雅夫（1991）『組織の心理学』有斐閣。
- 高橋伸夫（2000）『超企業・組織論』有斐閣。
- 平野光俊（1999）『キャリアドメイン』千倉書房。
- 渡辺三枝子・E. L. ハー（2001）『キャリアカウンセリング入門』ナカニシヤ出版。
- Schein, E. H.（1978）*Career Dynamics*, Reading, MA: Addison-Wesley.（二村敏子・三善勝代訳『キャリア・ダイナミクス』白桃書房，1991年）
- Super, D. E.（1957）*The Psychology of Careers*, New-York: Harper & Row.（日本職業指導学会訳『職業生活の心理学』誠信書房，1960年）

さらに学習したい人のために

- 杉原保史（2016）『キャリアコンサルタントのためのカウンセリング入門』北大路書房。

臨床心理学の専門家である著者が，キャリアカウンセラーが現場で直面する苦労に寄り添って，カウンセリングの実際に役立つヒントやコツと，基盤となる代表的理論や技法を平易に説明しています。

- 渡辺三枝子編著（2018）『新版 キャリアの心理学〔第２版〕―キャリア支援への発達的アプローチ』ナカニシヤ出版。

キャリア理論を学ぶための基本的なテキストです。９名の代表的研究者の理論が，関連性のある順番で簡潔にまとめられています。編者は，日本におけるキャリアカウンセリング研究の第一人者である渡辺三枝子氏です。

- 渡部昌平（2022）『キャリア理論家・心理学者77人の人物で学ぶキャリア理論』福村出版。

キャリア理論および関連する心理学の理論を，それらを提唱した理論家・心理学者にまつわるエピソードや人物像を基にわかりやすく紹介されています。

◆コラム◆ 自律的キャリア形成のための学びを証明する「CDAスチューデント資格」

先述のJCDA（特定非営利活動法人日本キャリア開発協会）では，大学でキャリア形成に関する知識やスキルについて学修したことを証明する「CDAスチューデント資格」の発行を，2023年度から開始します。この資格は，前例が通用しない予測不可能な時代において，自分自身のキャリアを自ら責任をもって切り開く「自律的キャリア」の基礎を学んだことを証明するものです。資格認定に必要な学習内容は，自らキャリアデザインを行う力を養成する科目やキャリアに関する心理学のほか，社会や職業の理解に関する科目，キャリアカウンセリングのように他者支援のためのスキルを学ぶ科目など多岐にわたります。

資格取得者には「オープンバッジ」方式で，デジタルな資格証明書が発行されます。

大手前大学経営学部では，全国の大学に先駆けてこの資格を取得できる科目群を準備しています。一例を挙げれば，「働くことを考える（キャリア形成のための基本的な知識や意識をPBL方式で企業のご協力を得ながら育む授業)」，「キャリア心理学」，「キャリアカウンセリングⅠおよびⅡ」，「キャリア形成と社会（激変する社会の動きをキャリア形成の視点で理解する授業)」，「職業選択演習（就職活動に必須の意識・知識・スキルを向上させる授業：３年生のみ履修可)」など，経営学部のいきいきキャリア分野を中心に全部で10科目ほどです（一部，現代社会学部の科目なども含みます)。

そのほかにJCDAでは，自己のキャリア形成と他者支援のための理論やスキルを実践的かつ集中的（３日間程度）に学ぶ公開講座を計画しており，本学でこの資格の取得を目指す学生には必ず受講してもらう予定にしています。この授業は公開講座であるため，他大学の学生との交流の場にもなることが期待されます。

加えてJCDAと大手前大学は，おなじく実践的かつ集中的な特別授業を協力して開発しています。この授業は，企業や社会人の方々と協働するPBL方式になる予定です。一案としてですが，長年にわたってキャリアを積み上げてきたビジネスパーソンに対してインタビューを行い，そのライフキャリア・ヒストリーを１つの著作物としてまとめるというプロジェクトを検討しています。学生はキャリアの理論やカウンセリング・スキルなどを活用しますので，インタビューを受けた人たちは自分自身のキャリアや人生をリフレクションできる絶好の機会になることが期待されます。また，１つの企業の出身者から複数人を対象とした場合には，インタビューの結果（ライフキャリア・ヒストリー）を１つにまとめたレポートは，企業にとってもかけがえのない財産になるでしょう。あるいは，異なる企業や業種，職種の人々を１つにまとめたレポートになれば，学生のキャリア教育に活用できる素晴らしいテキストになることでしょう。このように，学生だけでなく働く人々や企業にとっても有益な，いうなれば「三方良し」のプロジェクトになることを目指しています。

(上記は2022年12月時点での情報であり，今後，内容が変更になる可能性があります。)

経営学漫画⑦ ホランドの六角形

①

どんより…

お疲れ～。…どしたの？

就活始まるのに、自分のやりたい事とかサッパリでさ…

大手前 ラン

②

③

④

ホランドの六角形

人のパーソナリティは次の6タイプに分類され、職業も同じ6つに分類されます。パーソナリティと一致したタイプの職業がその人にマッチしていると言われます。

※ただし、それだけが適職を決定するわけではありません。

- 企業的(E) チームワークやリーダーシップが好き
- 習慣的(C) 決まったことを正確に進めるのが好き
- 社会的(S) 人に奉仕することが好き
- 現実的(R) 身体や機械を扱うことが好き
- 芸術的(A) 創造的な活動が好き
- 研究的(I) 科学的なことを探求するのが好き

（六角形の軸：データを扱う ↕ アイデアを扱う、ヒトを ↔ モノを）

経営学漫画⑧ ダイバーシティ(多様性)&インクルージョン(包摂)

① 

② 

③ 

④ 

ダイバーシティ(多様性)&インクルージョン(包摂)

性別、年齢、障がい、国籍などの外面の属性や、ライフスタイル、職歴、価値観などの内面の属性にかかわらず、それぞれの個を尊重し認め合い、良いところを活かすことです。
今後、職場や社会における多様性が高まる中で、ダイバーシティ&インクルージョンの重要性がますます高まっています。

終章
新しい経営学教育への挑戦

1　はじめに

ビジネスの世界は，デジタル・トランスフォーメーション，カーボンニュートラル，グローバル化の加速など，過去の延長線上にない大きな変化に晒されています。また，この数年でコロナ禍やロシアのウクライナ侵攻を経験したことで，ほとんどの人は，これまでと大きく違う未来を思い描いているでしょう。こうした変化が常態で，先の見通しが難しい時代に，自律的なキャリアを歩み，経営のかじ取りを担うことができるビジネスパーソンを育成するために，経営学教育には何が求められるのでしょうか。

「はじめに」でも触れたとおり，今から10数年前，世界の経営学教育をリードするハーバード・ビジネススクールは，創立100周年に向けて，世界のビジネススクールの調査を行い，①グローバルな視座の獲得，②リーダーシップスキルの開発，③統合的に考えるスキルの訓練，④組織における現実の理解，⑤創造的，革新的な問題解決力の育成，⑥クリティカルシンキングとコミュニケーション力の向上，⑦ビジネスの目的，社会的責任の理解，⑧市場や理論モデルの限界の理解，という８テーマを今後取り組むべき課題に挙げました。これらの大半は知識というより，ビジネスにおけるスキルやコンピテンシーに関わるものでした。折しも，2008年に世界経済を揺るがすリーマンショックが発生し，その震源となったウォール街に多数の卒業生を送り込んでいたことへの反省から，リーダーとしての倫理感の涵養が新たなテーマとして加わりました。こうした背景のもと，当時の学長ニティン・ノリア（Nitin Nohria）は，Knowing, Doing, Beingというフレームワークを掲げ，それまでのケーススタディによる知識（Knowing）一辺倒の教育から，より実践力（Doing）を重視し，自らの信念と志（Being）を深く考えさせる教育への改革を断行しました。

Knowing, Doing, Beingというフレームワークは，わが国の経営学教育の将来を考える上でも大いに参考になります。経営とは「良いことを他者とともに成し遂げること」であり，ビジネスリーダーには「他者とともに成し遂げる」実践力が求められます。また，「良いこと」とは，ビジネスリーダーの思いから生まれるものであり，ビジネスリーダーには社会善や公共善に関わる価値観や高潔な人格が欠かせません。先の見通しが難しい時代だからこそ，知識だけでなく，実践力，信念と志を育む経営学教育が強く求められているといえます。

ビジネスの現場には大小様々なチームがあり，どんな人でもリーダーになる機会があります。社会や地域をより良くしたいという思いを持ち，人生における様々な経験を糧に，自分らしいリーダーシップを発揮できる人が増えれば，この社会はもっと明るくなるのではないか，こうした思いから，大手前大学は2023年４月から新たに経営学部を立ち上げました。この新しい学部では，これまでに培ったリベラルアーツの伝統を土台に，「“大手前方式”の産学連携PBL」，「リフレクション」，「自分らしいリーダーシップの開発」という３つの挑戦を通じ，知識，実践力，信念と志をもって地域経済の発展に貢献する人材の育成を目指します。本章では，こうした挑戦をご紹介し，新しい経営学教育の方向性について一緒に考えていきたいと思います。

2 “大手前方式”の産学連携PBL：Knowing, Doing, Being 一体の学び

ショートストーリー①

先生 「Knowing, Doing, Being一体の学びのイメージは掴めたかい？」

あや 「私は「木」のイメージを持ちました。空に向かって大きく伸びるだけでなく，大地深くにしっかり根をはっていく「木」のイメージです」

陽翔 「自分は強い武道家のイメージです。確か，柔道に心技体という良く似た言葉があったと思います」

先生 「いいところに気づいたね。ビジネスの現場では，知識，実践力，信念

と志は深く結びついている。特に自らの信念と志という基軸ははずせない。そのことを理解するためにも，この３つは同時に学ぶのがベストなんだ」
あや，陽翔　「３つを同時に学ぶなんて，そんないい方法があるんですか？」
先生　「"大手前方式"の産学連携PBLならそれができるよ」

大手前大学経営学部では約20社の協力を得て，多く授業を"大手前方式"の産学連携PBL（以下，"大手前方式"PBL）という独自の授業スタイルで行います。PBL（Project-Based Learning）とは，「実社会に関する解決すべき複雑な問題や問い，仮説をプロジェクトとして解決・検証していく学習」と定義される教育手法のことをいい，すでに多くの大学の教育に取り入れられています。"大手前方式"の特徴は，講義と企業の協力を得たプロジェクト演習を組み合わせることで，Knowing, Doing, Beingの３つを一体で学べるよう配慮している点にあります。この授業スタイルの完成度を高め，大きな教育成果を上げることが１つ目の挑戦になります。"大手前方式"PBLが，Knowing, Doing, Beingにどう働きかけるのか，１つひとつ見ていきましょう。

まず，Knowing，すなわち，知識についてです。知識には，理論，事実，フレームワークなどの知識そのものと，知識をいかに得るかというメタ知識があります。"大手前方式"PBLでは，講義の中にプロジェクト演習を組み込むことで，この両者を同時に身につけることを目指します。図表終－１が授業の標準モデルですが，学生は講義で理論的知識を学んだ上で，学んだ理論をもとに企業から出された課題解決に取り組みますので，理論についてより深い理解を得ることができます。また，解決策を考える中で，仮説を立て，データを集め，仮説を検証するというプロセスを繰り返しますので，新たな知識をいかに生み出すかという学問的な思考プロセスを身につけることができます。

これに加えて，"大手前方式"PBLのいいところは，企業のビジネスリーダーから，企業が直面する環境変化，社会的責任，あるいは，マネジャーが直面する問題の複雑さなど，リアリティのある話をお聞きできることです。また，必要があれば，専門分野の異なる複数の教員が力を合わせて，チームでプロジェクト指導にあたりますので，異分野を組み合わせたクロスオーバーの学びが得られることも大きな魅力になっています。

図表終－1 「大手前方式産学連携PBL」の標準モデル

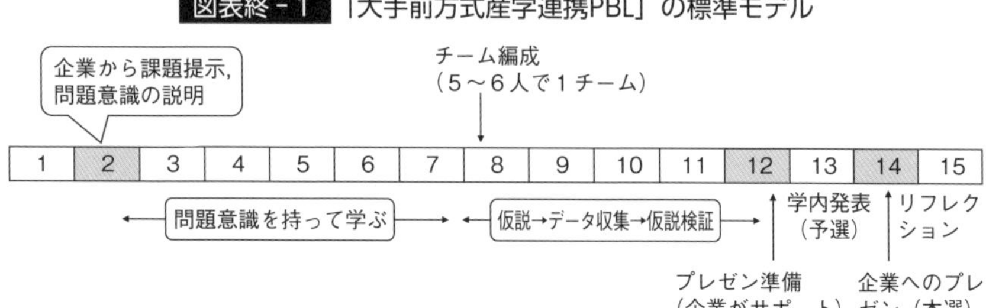

出所：筆者作成

次に，Doing，すなわち，ビジネスの実践で必要になる様々なスキルやコンピテンシー（高い成果につながる行動特性）についてです。代表的な例でいえば，リーダーシップ，コミュニケーション力，問題解決力などが挙げられます。大手前大学経営学部では，1，2年生全員が「人間関係トレーニング」「リーダーシップと問題解決」「職場コミュニケーション」「デザイン思考」といったスキル開発科目を履修し，ビジネスにおけるスキルの基礎を固めます。そして，“大手前方式”PBLのグループワークで，学んだスキルを実際に試し，経験を重ねることでレベルアップすることを目指します。そのため，“大手前方式”PBLでは，課題解決策を発表して終わりではなく，授業の最終回で必ず次節で述べるリフレクション（内省）を行うこととしています。グループワークをやりっぱなしにするのではなく，グループメンバーや教員，あるいは企業からフィードバックを得て，自分の行動のどこが良かったのか，何がまだ足りないのかなどを内省し，次の行動目標を考えます。こうしたサイクルを習慣づけることで，社会で必要となるスキルやコンピテンシーを生涯伸ばし続けられるようになると考えています。

最後に，Being，すなわち，自らの信念と志についてです。いうまでもなく，誰にとっても人生の方向性を決めることは容易なことではありません。また，そうしたテーマに大学教育がどう関わればよいのか，正解があるわけではありません。このため，これまでの経営学教育はBeingの問題をほとんど取り上げてきませんでした。しかし，先行きが見通しづらい時代だからこそ，人生の羅針盤となるBeingが重要になりますし，Beingがキャリアの方向性やその人が関わる事業のあり方を決めるといっても過言ではないでしょう。こうしたことから，大手前大学経営学部は，教育全体を通じて，一人ひとりの学生のBeingの発達を支援します。これまでも私たちは，学生が胸を打つ教育に出会った時に，学生が大きく変わることを何度も目にしてきました。それぞれの学生のよいところ，強みを見出し，教育のあらゆる面で学生の胸を打つ教育を実現することで，学生の持つ可能性を大きく開花させたいと考えています。“大手前方式”PBLでは，社会で活躍するビジネスリーダーから，挫折，失敗，苦労を含めた「一皮むけた経験」や，その方の人生の目標や人としてのありたい姿について，お話をお聞きします。社会のリーダーが学生に真剣に向き合いその生きざまを見せること，また，教員が一人ひとりの学生の可能性を信じてその成長にしっかり寄り添うこと，こうしたことを通じて学生のBeingを育んでいきたいと考えています。

3　リフレクション：経験を学びに変える力

ショートストーリー②

陽翔　「あやちゃん。人生100年時代って知ってる？　僕らの世代は２人に１人が100歳を超えて生きるんだって」

あや　「そんなに長く生きるのなら，資格をいっぱい取るとか長い間働くための準備が必要だよね」

陽翔　「自分は，老後に備えて，貯金するとか資産運用のスキルを磨くとかかな」

先生　「人生100年時代に向けて身につけるべきは「リフレクション」だよ。これを身につけておけば，いくつになっても成長できるんだ」

あや　「「リフレクション」って，振り返りのことですか？」

先生　「「リフレクション」とは，単なる振り返り以上のものなんだ。本質への気づきを与え，経験を学びに変えてくれるのが「リフレクション」だよ」

Knowing, Doing, Being一体の学びは，大学で終わるものではなく，社会に出た後も続くものです。大手前大学経営学部は，建学の精神である"STUDY FOR LIFE（生涯にわたる，人生のための学び）"のもと，卒業後も学び続け，成長を続けることができる人材の育成を目指しています。それでは，社会に出た後も成長を続ける人はどこが違うのでしょうか。近年，人材開発や成人発達の研究分野において，経験を学びに変える思考プロセスである「リフレクション」という概念に注目が集まっています。リフレクションは，わが国では振り返りと訳されることが多いのですが，本来，経験の中から本質的な課題を抽出する，状況を俯瞰して捉える，自分のものの見方に客観的な目を向けるといった多様な思考プロセスを意味する言葉です。大手前大学経営学部では，すべての授業の最終回にリフレクションの時間を設けるなど，リフレクションを教育活動に積極的に取り入れています。学生にリフレクションという思考を身につけさせ，経験を学びに変えられる人に育てるというのが２つ目の挑戦になります。

大手前大学経営学部がリフレクションに力を入れる理由は次の３つです。１つ目は，「これからの人生をどう生きるのか」，「リーダーとしてどうあるべきか」など，人生の目標について深く考えるには，立ち止まって，深く内省することが不可欠だからです。２つ目が，仕事における様々な経験から学び，職業人としての成長を続ける力を身につけるためです。優秀なマネジャーは学びの70%を仕事経験から得るという研究成果がありますが，経験から学ぶにはリフレクションが欠かせません。３つ目は，職場でのミス・コミュニケーションをはじめ，職業実践上の問題の多くは，自己のうちに無意識に取り込まれた価値観や信念が周囲の考えや現実と食い違うことで引き起こされるからです。「リフレクション」により，そうした不一致に素早く気づくことができれば，仕事で直面する問題を乗り越え成長を続けることが可能になります。

ここでは大手前大学経営学部が実際に行っている「玉ねぎモデル」を用いたリフレクションについてご紹介します。「玉ねぎモデル」とは，教師教育学の分野でオランダのフレッド・コルトハーヘン（Fred Korthagen）が提唱したリフレクションモデルです。社会人が成長を続けるには，自己の内面を深く内省し，自らが無意識に持っている価値観や感情に気づく必要があります。デイビッド・コルブ（David Kolb）の経験学習モデルなど，それまでのリフレクションモデルでは，リフレクションの対象が自分の行動や能力など，表面的なものにとどまり，深い内省が行われにくいという限界があったため，このモデルが開発されました。このモデルは，もともとは教師の成長のために開発されたモデルですが，幅広い社会人の成長支援に用いることができるとされています。

このモデルでは，人は環境，行動，能力，信念，アイデンティティ，使命という6つの層により形成され，6つの層の中核に誰もがコア・クオリティという性格的な強みを持つと考えます（図表終－2）。誰もがコア・クオリティを持つという考え方は，強みなど人の持つポジティブな面に注目するポジティブ心理学の影響を受けたものです。大手前大学経営学部では，15回の授業の最終回に玉ねぎの図を示しながら「この授業で何を学んだのか」（環境），「この授業でどのような貢献，行動，発言をしたのか」（行動），「この授業からどのような能力を獲得できたのか」（能力），そしてさらに「この授業は自分の人生の目標，価値観，信念にどのような影響を与えたのか」（信念，アイデンティティ，使命）といった問いを投げかけます。玉ねぎの外側から内側に迫るアプローチです。学年を経るごとに内省が深まり，いずれ玉ねぎの中核にたどり着くのが理想ですが，実際には，授業の「リフレクション」だけで，人生の目標，価値観，信念にまで思いが及ぶことは珍しく，外側から内側へというアプローチだけでは限界があります。

そこで大手前大学経営学部では次のような工夫を行っています。個人のコア・クオリティ，すなわち，その人の強みを起点とする内側から外側へのアプローチです。授業でのリフレクションの内容を３～４人くらいのグループで共有します。そして，そのリフレクションから見えてきたその人の強みを３つずつ紙に書いて交換します。色々な授業で色々なメンバーからこうしたフィードバックをもらううちに，自分の強みが何となく見えてくると思いますので，そのタイミングを見計らって学期末に行う１on１面談の場で「自分の強みを生かして，あなたは何に貢献しますか」「自分の強みを生かして，どのような役割を果たしたいですか」といった問いを投げかけます。外から内，内から外のリフレクションを繰り返し行うことで，卒業までに自分の人生の目標や大切にしたい価値観について何らかの気づきが得られるよう学生を支援したいと考えています。

図表終－2　コルトハーヘンの玉ねぎモデル

出所：Korthagen and Vasalos (2005, p.54) をもとに筆者加筆

4　「自分らしいリーダーシップの開発」：人生の基軸を持つ

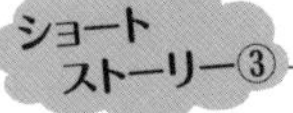

先生　「ここまで経営学を色々勉強してきたけど，社会でうまくやっていく自信はついたかい」

陽翔　「自分には苦手なことや弱点がたくさんあって，まだ自信が持てません。誰かお手本にできる人はいますか？」

先生　「社会でよいリーダーになろうと思ったら，人真似はだめだよ。弱みがあってもそれを受け入れて，自分らしさを見失わないことが大切なんだ」

あや　「弱みがあってもいいのですか」

先生　「弱みがあっても隠すことなく，その人らしさを貫く人が，優れたリーダーになるという「自分らしいリーダーシップ」という考え方が広がりつつ

ある」
陽翔　「自分らしくでもいいなら，ちょっと希望が持てます」
先生　「自分らしさを貫くには，人生の基軸を持つことが必要だ。どうしたら自分の基軸を持てるのか一緒に考えてみよう」

すでに述べた通り，企業の経営を通じて，よい社会を実現するには，ビジネスリーダーに，社会善や公共善に関わる価値観や高潔な人格が備わっている必要があります。こうした基軸がしっかりしたビジネスリーダーを育てることが大手前大学経営学部の３つ目の挑戦になります。

ハーバード・ビジネススクールの教育改革において，人生の目標や人としてのあり方に関わるBeing教育の中核を担ったのが「自分らしいリーダーシップ」(Authentic Leadership）という考え方です。この考え方を提唱したハーバード・ビジネススクールのビル・ジョージ教授（Bill George）は，125名の優れたリーダーへのインタビューをもとに，リーダーシップの根源は，何らかの特性やスタイルにあるのではなく，人生の苦難や試練から，自分がこう生きたいと思う人生の基軸を見定め，その軸をぶれずに貫くことにあると主張しました。大手前大学経営学部では，この「自分らしいリーダーシップ」の開発を通じて，学生が自分の人生の基軸を見出すお手伝いをしたいと考えています。ここでは大手前大学経営学部が「自分らしいリーダーシップ」の開発にどう取り組むのか，１年生を対象に開講される「リーダーシップと問題解決」という授業内容をもとに，その一端をご紹介したいと思います。

この授業では，「本物の自分」を知ることが大きなテーマになっています。「自分らしいリーダーシップ」は「本物の自分」の上に構築される必要があるからです。この授業では，1955年に心理学者のジョセフ・ルフト（Joseph Luft）とハリントン・インガム（Harrington Ingham）によって開発されたジョハリの窓というフレームワーク（**図表終－3**）を用います。図表終－3で，左上の窓を開放の窓と呼びますが，ここが狭すぎると相手との信頼関係を十分構築できず「自分らしいリーダーシップ」をうまく発揮できませんので，この窓を広げることに取り組みます。この窓を広げる方法の１つは，他者からの率直なフィードバックを受けて，自分の盲点を知ることです。もう1つは，自分の弱さを受け入れて，自己開示の範囲を広げることです。最初から，これらを本格的に行うことはハードルが高いので，学生にあまり負担がかからないかたちで行います。例えば，グループ内でお互いの強みについてのメンバーが相互にフィードバックしたり，完全な個人ワークとして，人には見せたくない弱みや過去の苦い経験とそこからの教訓について紙に書いたりするなどです。

図表終－3　ジョハリの窓

	自分は分っている	自分は分っていない
他人は分っている	開放の窓	盲点の窓 フィードバックを求める
他人は分っていない	自己公開 秘密の窓	未知の窓

出所：ビル・ジョージ著，小川孔輔監訳，林麻矢訳（2017）『True North リーダーたちの羅針盤』生産性出版，188頁をもとに筆者加筆

いうまでもなく人生の基軸は，1つの授業だけで見えてくるものではありません。この授業だけでなく，“大手前方式”PBLでビジネスリーダーから薫陶を受けることや，各授業で行われるリフレクションも人生の基軸について考える貴重な機会になるでしょう。こうした取り組みに加えて，今後，「自分らしいリーダーシップ」の開発のために積極的に取り組みたいと考えているのが，インターンシップ，フィールドスタディ，サービス・ラーニン

グ，海外スタディツアーなど，キャンパス外に出向く「越境学習」の充実です。人の生き方に関わるような深い気づきは，慣れ親しんだ環境の中ではなかなか得られません。学生をあえて不慣れな場所や見知らぬ人のコミュニティに送り込み，居心地の悪い環境で活動させることで，自分が前提としていたものの見方や考え方が揺さぶられ，目からうろこが落ちるような気づきが得られる可能性があります。すでに何度か紹介したハーバード・ビジネススクールは，2011年以降，学生が海外に出向き現地でプロジェクトに取り組むIXP（Immersion Experience Program）というプログラムを正規科目として導入しました。日本では，東日本大震災直後の東北がIXPの派遣先に選ばれています。Immersion Experienceとは，「どっぷり（現場に）浸かる経験」という意味です。見知らぬ国や被災地などの普段では想像がつかない非日常の状況にみずからの身を置くことで，学生が人としての生き方やリーダーとしてのあり方に深い気づきを得るといった成果を上げていることが報告されています。

「自分らしいリーダーシップの開発」は，生涯続く長い旅です。大学教育でできることはその一部でしかありません。しかし，大学時代から，人生の基軸とは何かを問い続けることで，将来の苦難や挫折を乗り越えて，真のリーダーとして成長してくれることを願っています。

5 おわりに

新しい経営学教育への挑戦として，「"大手前方式"の産学連携PBL」，「リフレクション」，「自分らしいリーダーシップの開発」という3つのテーマについて述べてきました。経営学に大きな影響を与えた社会心理学者クルト・レヴィン（Kurt Lewin）の名言「よい理論ほど実践的なものはない」を持ち出すまでもなく，ビジネスリーダーにとって経営学の理論的知識は大変重要です。しかし，先の見通しが難しい中で，いくら知識があっても，実践するスキルやコンピテンシーがなければそれを活かすことができません。また，リーダーに，倫理性や社会性を帯びた生き方の基軸が定まっていなければ，実践の方向性が定まらず，多くの人がついてくることもないでしょう。経営学は百年程度の短い歴史の中においても，常に時代の変化を敏感に読み取り，自己革新を続けてきました。時代が大きく変わろうとしている中，経営学教育も大きく変わっていく必要があります。新しい時代のための新しい経営学部が，優れたビジネスリーダーを育て，より良い未来をつくることにつながることを心から願っています。

◆主要参考文献

- 学び続ける教育者のための協会編，坂田哲人・中田正弘・村井尚子・矢野博之・山辺恵理子著（2019）『リフレクション入門』学文社。
- Bill George（2015）*Discover Your True North, Expanded and Updated Edition*, John Wiley & Sons.（小川孔輔監訳・林麻矢訳『True North リーダーたちの羅針盤―「自分らしさをつらぬき」成果を上げる』生産性出版，2017年）
- Datar, S. M., D. A. Garvin, and P. G. Cullen（2010）*Rethinking the MBA: Business Education at a Crossroads*, Harvard Business Press.

さらに学習したい人のために

- 山崎繭加著，竹内弘高監修（2016）『ハーバードはなぜ日本の東北で学ぶのか―世界トップのビジネススクールが伝えたいビジネスの本質』ダイヤモンド社。

ハーバード・ビジネススクールの教育改革の目玉となったIMPの活動記録。震災直後の東北でボランティアやコンサルティングに取り組んだ学生が，事業のあり方や人としての生き方に深い気づきを得ていく様子がわかりやすく紹介されています。

- 中原淳・金井壽宏（2009）『リフレクティブ・マネジャー――一流はつねに内省する』光文社新書。

リフレクションというと，一人で静かに瞑想するようなイメージが強いですが，この本を読めば，マネジャーは経験をくぐり，他者と対話し，節目で経験を振り返ることで成長することがよく理解できます。

- 石川恒貴・伊達洋駆（2022）『越境学習入門―組織を強くする冒険人材の育て方』日本能率協会マネジメントセンター。

越境学習とは，個人にとってのホームとアウェイを往還することによる学びのこと。越境中と越境後に経験する２度の「葛藤」が原動力となって，主体的なキャリア構築や企業のイノベーションにつながることが豊富な事例とともにわかりやすく紹介されています。

◆コラム◆ 食品ロス削減をテーマとする産学連携PBL授業

大手前大学では，食品メーカーの協力を得て，食品ロス削減という社会的課題の解決策を学生が考える産学連携PBL授業を4日間の集中演習のかたちで行っています。この授業には3つの目的があります。1つ目は，食品ビジネスや食品ロス問題について理解を深めることです（Knowing）。食品メーカーの方から，その会社が食品ロス問題に積極的に取り組む理由やその会社から見える食品ロス問題の現状などについてお聞きします。2つ目は，答えのない課題に対して，創造的な解決策を生み出すスキルを身につけることです（Doing）。この授業では，デザイン思考というフレームワークを用い，ユーザーの観察・共感→問題定義→着想→試作→試作の検証といったステップを踏むことで，ユニークで効果的な解決策を生み出すことに挑戦します。3つ目は，自分らしいリーダーシップを身につけることです（Being）。自分のリーダーシップ持論を言葉にし，実践し，フィードバックを受け，内省するというサイクルを回すことで，自分らしいリーダーシップのあり方を見つけ出します。

4日間の流れは次のとおりです。初日の午前中に，各自のリーダーシップ目標を決めます。まず，シェアード・リーダーシップや自分らしいリーダーシップなど，この授業の土台となるリーダーシップ理論を学びます。次に，自分が理想とするリーダー像や自分が人を動かした経験についてチームで話し合い，どのようなリーダーシップを発揮したいかについて各自が考えて，チーム内で共有します。初日の午後は，食品メーカーのゲストから課題と課題の背景をお聞きします。ちなみに，2022年度の課題は「大手前大学の学生が『思わず食品ロス削減に取り組みたくなるような』啓発／教育コンテンツを作成せよ！」でした。なお，この機会に，食品メーカーのソーシャル・マーケティング戦略やゲストのリーダーシップ持論についてもお聞きします。

2日目，3日目は，さきほど述べたデザイン思考の各ステップに従って課題の検討を行います。なお，思いついたアイデアを検証するために，そのアイデアが効果的かどうかについての友達へインタビューを宿題とします。なお，グループワークにおける自分のリーダーシップ行動についての気づき，メンバーの良かった点への気づきは配付されたリフレクションシートに随時メモし，毎日，授業の終わりに良かった点を相互にフィードバックします。

4日目は，チームでの検討結果を食品メーカーの方にプレゼンテーションします。他チームの発表から学ぶとともに，企業の視点からコメントをいただくことで，学生視点と企業視点の違いを理解します。そして，4日目の最後が最も重要なリフレクションの時間になります。思っていることを自由に発言できたか，みんなが持ち味を出せたかなどをチーム内で話し合います。次に，一人ひとりが自分のリーダーシップ持論の実践結果を発表し，他のメンバーはその人の良かった点を3つずつ紙に書いてフィードバックします。

授業終了後には，4日間の活動をすべて振り返り，この授業で学んだこと，これからのリーダーシップ持論，当面の行動目標についてまとめ，最終レポートとして提出します。盛りだくさんで，慌ただしい4日間ですが，落ち着いたタイミングで振り返ることにより，最終レポートでは，例えば「自分の意見を恐れずに伝えることで，よい議論ができることが分かった」，「今回は，意見が言いやすかったが，それは「人の意見を引き出す」が持論のひとのお陰であることに気づいた」「自分のリーダーシップは自分の意見に従わせることで，みんなの力を引き出せていなかった」など，リーダーとしての成長をうかがわせるコメントが寄せられています。

	レベル100	レベル200
経　営	経営学の扉 経営学入門	経営戦略論 I 組織行動論 アントレプレナーシップ入門 スイーツビジネス 生産管理論
会　計	会計学入門 商業簿記 I 工業簿記 パソコン会計	商業簿記 II～III 財務会計論 管理会計論 ファイナンス入門
マーケティング	マーケティング入門	マーケティングリサーチ I～II マーケティング戦略論 消費者行動論 食のマーケティング ファッションマーケティング
データ＆デジタル経営	デジタル社会とテクノロジー 社会におけるデータ・AI利活用 ビジネスの数字を読む	コンピュータ技術 経営と情報システム ビジネス情報処理 I～II データの分析と活用 I～II
いきいきキャリア	働くことを考える I～II 名著・名作から人生を考える	キャリア形成と社会 キャリアトランジション論 キャリアの心理学
専門共通	ロジカルシンキング	経済学入門 経営現場で起こる諸問題 ビジネス法の基礎 Business English
人間力科目	人間関係トレーニング リーダーシップと問題解決	職場コミュニケーション デザイン思考
実践科目	フィールドスタディ I	フィールドスタディ II 実践演習（マーケティング I～II）
総合研究		

部の履修系統図

レベル300	レベル400
経営戦略論 II 人的資源管理論 経営組織論 ベンチャー経営論 地域産業論 環境経営論 国際経営論	マネジメント史
税務会計論 証券投資論 証券投資演習	会計学応用演習
流通マーケティング ブランド論 ナービス経営 商品企画論 デジタルマーケティング I ～ II	クリエイティブマーケティング演習 I ～ II
課題解決のためのデジタル活用 I ～ II データサイエンス I ～ II	デジタル経営論
キャリアモデル事例研究 企業内キャリア開発 働くことの哲学 ライフコースの心理学 仕事と職場の心理学 キャリアカウンセリング I	キャリアカウンセリング II
クロ経済学 ross Cultural Communication	日本経営史
ィールドスタディ III 実践演習（経営 I ～ II） 実践演習（会計 I ～ II） 実践演習（デジタル I ～ II） 実践演習（キャリア I ～ II）	
ゼミナール I ～ II	卒業研究

人名・団体名索引

英数

あ行

か行

さ行

た行

な行

は行

ま行

や行

ら行

わ行

事項索引

英数

あ行

か行

さ行

た行

な行

は行

ま行

や行

ら行

わ行

【執筆者一覧（執筆順）】

平野光俊（ひらの・みつとし）　（はじめに，第1章，第2章）
大手前大学学長（経営分野），博士（経営学）

伊藤宗彦（いとう・むねひこ）　（第3章）
大手前大学経営学部教授（マーケティング分野），博士（商学）

正岡幹之（まさおか・もとゆき）　（第4章）
大手前大学経営学部准教授（マーケティング分野），修士（商学）

當眞瑞代（とうま・みずよ）　（第5章）
大手前大学経営学部助教（マーケティング分野），経営修士（専門職）

畑耕治郎（はた・こうじろう）　（第6章）
大手前大学経営学部教授（データ＆デジタル経営分野），博士（工学）

伊勢智彦（いせ・ともひこ）　（第7章）
大手前大学経営学部准教授（データ＆デジタル経営分野），博士（工学）

大森信（おおもり・しん）　（第8章）
大手前大学経営学部教授（経営分野），博士（経営学）

久保田浩文（くぼた・ひろふみ）　（第9章）
大手前大学経営学部教授（会計分野），学士／公認会計士

山崎泉（やまさき・いずみ）　（第10章）
大手前大学経営学部准教授（会計分野），博士（マネジメント）

三宅麻未（みやけ・まみ）　（第11章）
大手前大学経営学部講師（いきいきキャリア分野），博士（商学）

坂本理郎（さかもと・まさお）　（第12章）
大手前大学経営学部教授（いきいきキャリア分野），博士（社会学）

北村雅昭（きたむら・まさあき）　（はじめに，終章）
大手前大学経営学部教授，経営学部長（経営分野），博士（経営管理）

【編者紹介】

大手前大学経営学部

兵庫県西宮市に本部をおく大手前大学の６つ目の学部として2023年４月に開設。定員は170人。経営，会計，マーケティングにデータ&デジタル経営，いきいきキャリアを加えた５つの専門分野を横断的に学ぶ。
建学の精神である“STUDY FOR LIFE（生涯にわたる，人生のための学び）”のもと，Knowing（知識），Doing（実践力），Being（信念と志）の調和のとれた教育を通じて，一人ひとりの人生のウェルビーイングを実現することを目指している。

LIVE講義！　経営学の扉

2023年８月20日　第１版第１刷発行

編　者　大手前大学経営学部
発行者　山　本　　継
発行所　㈱ 中 央 経 済 社
発売元　㈱中央経済グループ パブリッシング
〒101-0051　東京都千代田区神田神保町１‐35
電話　03（3293）3371（編集代表）
03（3293）3381（営業代表）
https://www.chuokeizai.co.jp
印刷／東光整版印刷㈱
製本／㈲井上製本所

＊頁の「欠落」や「順序違い」などがありましたらお取り替えいたしますので発売元までご送付ください。（送料小社負担）

ISBN978-4-502-46761-5　C3034